Leson Fondamantal Sou Ministè Fè Disip
Resous Adisyonèl

Legliz Nazareyen

Rejyon Mezoamerica

De Konvèsyon a Batèm a Manm

DISIP
abcde
Legliz Nazareyen

Nivo B1 - De Konvèsyon a Batèm.
Jèn ak Adilt

Nivo B2 – De Batèm a Manm
Jèn ak Adilt

Leson Fondamantal Sou Ministè Fè Disip
Resous Adisyonèl

Liv sesyon "Antrènman disip ABCDE"
Gid etid pou Jèn / Adilt

Nouvo Lavi nan Kris la - Resous Adisyonèl
Nivo B1 – De Konvèsyon a Batèm.

Kle pou yon lavi Kretyèn nan Labondans - Resous Adisyonèl
Nivo B2- De Batèm a manm

Edisyon Jeneral: Dr Mónica Mastronardi de Fernández

Materyèl ki te pwodwi pa: Legliz Nazareyen, Rejyon Mezoamerika
Ministè antrènman disip ak Lekòl dominical
www.MedfdiRessources.MesoamericaRegion.org

Pibliye ak distribye
Asosyasyon Rejyon Mezoamerika
Av. 12 Oktòb Plas Viktwa Lokal 5 ak 6
Pèp Nèf Hato Pintado
Vil Panama , Panama.
Tel: 507-203-3541
E-mail: literatura@mesoamericaregion.org

Tout tèks yo soti nan Bib kreyòl Ayisyen an, (VJ) vèsyon Jerizalèm korije ak pibliye nan lane1992 pa sosyete biblik ayisyen, sof si yo endike otreman.

Plan: Juan Manuel Fernández

Enprime nan peyi Etazini

Tradwi pa: Marc Versil ak Dezama Jeudi

Tab Matyè yo

Kisa Antrènman disip ABCDE a ye?

Fè disip sanble ak Kris atravè nasyon yo se fondman travay minisyonè legliz la ak prensipal responsablite lidèchip li (Efezyen 4:7-16).

Travay antrènman disip la kontinyèl ak dinamik, sa vle di ke disip la pa janm sispann grandi pou rive vin tankou Mèt li.

Pwosesis kwasans sa, lè li ansante, li fonksyone nan tout dimansyon: nan dimansyon "endividyèl" (kwasans espirityèl), nan dimansyon "pozisyon" (pou pran plas li pami manm yo), nan dimansyon "sentete nan lavi" (pwogrè transfòmasyon nan nou epi ki fèt nan modèl Jezikris) ak nan dimansyon "sèvis" (fòmasyon pou sèvi nan ministè a dapre apèl Bondye pou chak pitit li yo).

Pou nou kontribye nan fòmasyon general manm legliz nou yo, legliz nazareyen nan rejyon mezoamerika prepare yon plan antrènman disip ABCDE, epi depi nan ane 2001 li fè pwogrè nan fè piblikasyon liv pou chak nivo sa yo.

Liv ou genyen nan men w nan koresponn ak NIVO B nan antrènman disip la, dezyèm etap plan ki koumanse lè moun nan aksepte Kris kòm Sovè ak Seyè.

NIVO B sa a genyen kòm objektif gide nouvo disip la avèk antrenè disip la nan etid baz biblik lavi kretyen yo. Nivo a devlope nan 2 liv: Lavi tounèf nan Kris (B1) ki mete aksan sou preparasyon pou batèm ak kle pou yon lavi kretyen efikas (B) ki genyen kòm objektif prepare nouvo disip la pou fè pati manm aktif legliz lokal la.

Dr. Monica Mastronardi de Hernandez
    Editè jeneral antrènman disip ABCDE
    Legliz Nazareyen-Rejyon Mezoamerik

· Disip ·

abcde

Legliz Nazareyen

Nivo A | Apwòchman

Evanjelizasyon

Nivo B | Batèm ak Manm

Antrènman disip pou nouvo konvèti yo

Nivo C | Kwasans nan Sentete

Fòmasyon konplèt pou sanble ak Kris

Nivo D | Devlopman Lidèchip

Lekòl Lidèchip

Nivo E | Kwasans Kontinyèl Espirityèl oswa Edikasyon Ministeryèl Pwofesyonèl

Kwasans espirityèl pou tout lavi.
Gen kèk karyè nan lekòl teyolojik yo.

Prezantasyon

Mwen kontan akeyi ou nan pi gwo avanti nan lavi ... pandan w ap grandi ak viv kòm yon disip Jezikris. Nan moman sa a yo, li posib pou deja fè premye pa nan lavi kretyen w, lè w te mande Jezi pou l te padone ak netwaye peche w yo. Si se konsa, pou kounye a Jezikris se Sovè pèsonèl ou epi li prezan nan lavi w, Premye pa sa bèl anpil, men se sèlman koumansman. Jezi vle fè plis pase sove w anba peche w yo avèk ba w lavi etènèl, li vle mennen w viv lavi w dapre volonte li, li vle moutre w renmen ak sèvi lòt yo menm jan limenm li te fè sa. Pou fè sa, premye bagay nou bezwen se grandi nan relasyon nou avèk li, aprann renmen Bondye ak tout kè nou epi swiv egzanp li nan tout fason n ap viv. Pwosesis sa rele ANTRÈNMAN DISIP epi moun ki patisipe ladan l lan rele DISIP. Chak kretyen dwe patisipe nan antrènman disip, epi viv tankou yon disip Jezi, pou tout lavi li.

Ou genyen devan je w la yon resous pami tout lòt yo, ki prepare pou ede w nan vwayaj pou w vin plis e plis menm jan ak Kris. Anmezi w ap etidye materyèl sa avèk antrenè w la/mèt, w ap kapab aplike ansèyman Pawòl Bondye yo nan lavi w epi w ap aprann mache piplis ak piplis pre Jezi epi nan menm tan w ap kapab grandi nan relasyon w avèk Seyè a e avèk lòt moun. Objektif nou, noumenm ki nan ministè antrènman disip se pou w kontinye grandi ak sèvi pou tout rès lavi w tankou disip, epi pou pi devan, oumenm tou ou kapab vin konvèti an yon antrenè disip k ap gide lòt yo pou yo rive vin disip Jezi.

Bondye beni nou.

Rev. Monte Cyr

Kowòdonatè Ministè Antrènman Disip, Rejyon Mezoamerika

Ini Nan Fanmi Bondye a

David González Pérez

Prefas

Bondye te kreye linivè a san defo, nou li nan liv Jenèz ke sa Bondye te fè yo te "trè bon". Men, malgre yo te san defo, lòm te konsidere ke li pa t bon ase, epi li te vle fè pwòp mond pa li, pwòp sosyete li. Epi li te fè sa. Sepandan, konsekans yo te imedya, depi lè sa te gen pwoblèm san fen ki te koumanse, maladi, plent, divizyon, lagè, doulè epi finalman lanmò.

Depi lè sa a, mond lan ap kriye dèyè yon pi bon sosyete, espwa yon lavi miyò; epi sa a se te plan Bondye, menm si lòm te rejte li nan kòmansman. Plan delivrans Bondye a genyen ladan li kreyasyon yon limanite tounèf, aksepte plan orijinal la pou viv nan kominyon avèk li epi aksepte mache nan volonte li. Yon sosyete tounèf kote pou pa gen okenn separasyon ant moun pou pwoblèm rasyal, sèks, klas sosyal, nasyonalite oswa nenpòt lòt kalite klas.

Anpil moun pral panse ke sa a se sèlman yon rèv, men se pa vre, li se yon reyalite ke Bondye fè posib pa mwayen legliz li.

Se konsa, Legliz la se pèp Bondye, ki, pa mwayen sakrifis Jezi sou kwa a kapab viv nan kominyon avèk li, ki genyen lavi kounye a epi reprezante pou limanite yon limyè ki bay espwa pou yon sosyete tounèf.

Byenvini nan fwaye a

Lè nou asepte Jezi kòm sovè pèsonèl nou, nou entegre nan yon nouvèl fanmi, ki se : « fanmi Bondye a ».

Sa se youn nan pi gran kado ke nou te resevwa. Kounye a nou genyen yon papa nan syèl la ak yon gran kantite Frè ak Sè nan Kris. Si ou se sèl moun ki kretyen nan fanmi-w sou tè a, ou pa bezwen dekouraje si-w ta santi-w pou kont ou, o kontrè, ou genyen yon gran fanmi espirityèl.

Apot Pòl di nan Efezyen 2 :19 : « poutèt sa, pou Bondye nou

pa etranje ankò, ni moun deyò ». O kontrè, kounye a nou fè pati pèp Bondye a e nou genyen tout dwa ; kounye a nou nan fanmi Bondye a ». Fanmi pa nou an se Legliz la.

Kisa mo Legliz la vle di ?

Gen anpil konfizyon konsènan siyifikasyon mo « Legliz la ». Anpil moun ap di : « an n ale Legliz » yo fè referans sèlman ak plas la oubyen kay kote kretyen yo reyini an. Lè Bib la itilize mo Legliz la, li fè referans ak moun ki te resevwa yon nouvèl vi nan Kris la, sa vle di : pitit Bondye yo.

Konsa, Legliz la se pa ni plas la, ni kay kote kretyen yo reyini pou yo adore Bondye, men, yon gwoup moun ki te kwè e ki te asepte Jezikri kòm sovè ak Senyè yo.

Mo Legliz la vle di sansibleman « Asanble » e moun ki ekri Nouvo Testaman yo itilize tèm sa a pou moun kap swiv Jezi kri kòm Senyè yo. Lè nap pale de Legliz nou ta dwe fè referans ak yon kongregasyon Kretyèn nan yon kominote dirèk, (« ke yo rele tou Legliz lokal ») ; yon gwoup kretyen ki reyini nan yon kay oubyen nan yon lòt plas oubyen nan « Legliz Inivèsèl », ki se total tout kretyen yo nan anviwonman mond lan, lè nap mete tou, sa ki te mouri yo, men non yo te ekri nan Liv Lavi ki pap janm fini an (Filipyen 4 :3). Legliz la li a la fwa Lokal e Inivèsèl.

Diferans ki genyen nan nenpòt lòt kominote oubyen òganizasyon, Legliz la se yon òganis « ki vivan ». Bib la di : ke li se kò kris la e tout lòt moun ki te asepte apèl sa a pou yo vin disip pou Jezi yo fè pati kò sa a.

Legliz Nazareyen fè pati gran Legliz Inivèsèl la, e patikilyèman, « li fòme ak moun sa yo ki gen volonte e ki mete tèt yo ansanm ak doktrin epi prensip nan enterè Legliz la, e kap chache kominyon kretyèn, konvèsyon pechè yo, ak sanntifikasyon kretyen yo, edifikasyon legliz la nan sentete, nan senplisite, ak pisans espirityèl ki te manifeste nan Legliz primitiv nan Nouvo Testaman epi preche Levanjil la ak tout moun nan kreyasyon ». (Liv Legliz Nazareyen, 2001, CNP)

Kòman Legliz la te pran Nesans?

Rezon ki fè Bondye te kreye gason ak Fanm se pou l' te kapab gen bon jan relasyon avèk yo. Sepandan, Lòm te deside vire do bay Bondye, pran pwòp chemen pa l' e vini ennmi Kreyatè li a. Nan entansyon pou li chache pwòp dye pa li e pou l' jete souverènnte Bondye sou lavi li, sa mennen li nan yon vi esklav anba dominasyon peche ak tout konsekans yo, ladan l' gen soufrans ak lanmò pou tou tan, lwen prezans kreyatè a. Malgre sa a, Bib la di nou, ke Bondye te pran inisyativ e nan gran lanmou li, li te ale chache Lòm pa tout mwayen posib pou l' te libere l' nan esklavaj peche.

Bondye te fòme yon pèp pou l' te fè mond lan konnen lanmou li, Bonte ak Sali ki gen nan li. Se te pou rezon sa a ke li te chache e rele Abraram (jenèz 12 :1-9) pou te ka soti nan li yon gran Nasyon ki ta pral anonse bòn Nouvèl Sali pou peche ak konsekans tèrib ak tout pèp ki sou latè. Aprè kèk tan, desandan Abraram yo te vin devni gran Nasyon Izrayèl la, men malerezman yo te pase lwen objektif ke Bondye te kreye yo a. Pou Bondye te ede yo, li te voye sèvitè l' yo, pwofèt li yo, pou te vin anonse ke Bondye tap fòme yon lòt pèp pou te vin sèvi l'. Pèp sa a, se Legliz ke Jezikri te fonde a (1 Pyè 2 :9-10).

Legliz la soti nan kè Bondye. Li te voye Jezikri pitit li a pou l' te bay vi l' kòm sakrifis pou l' te kapab vini Senyè e mèt Legliz la. Li bon pou ou konnen lanmou Bondye pou chak moun e se rezon sa kifè l' te voye pwòp pitit li a mouri sou la kwa. Se konsa, menm jan Papa a te bay Jezikri ; Jezikri li menm te bay tèt li pou Legliz la, « pou l' te fè Legliz la pa l', netwaye l' pa mwayen mesaj ak batèm li » (Efezyen 5 : 25-26). Pou nou te ka rachte pa mwayen san Jezi e resevwa l' kòm sovè a, nou fè pati fanmi bondye a, e li se mèt ak senyè nou, nan Legliz la (1 korentyen 6 :20).

Yon moman Istorik ki make eklatman Legliz kretyèn nan mond lan se te jou panntkòt la (Travay Apot 2). Legliz la te kòmanse ministè batèm nan pouvwa Lespri sen an. Kris te pwomèt disip yo ke lap ba yo Sentespri a (Jan 16: 5-16). Lespri Bondye bay Legliz la pisans pou li ka viv nan obeyisans ak pawòl Bondye a e reyalize objektif ke bondye te gen pou mond lan.

Inite legliz la

Legliz la se kò Kris la. Pòl montre nan 1 Korentyen 12: 27 "... Chak moun nan mitan nou se yon pati nan legliz la, e se nou tout ansanm ki fè kò Kris la". E Pòl montre sa tou nan kolosyen 1:18, "... e li menm kap dirije legliz la li ba li lavi. Li se tèt la e legliz la se kò l' ". Kris se tèt la, sa vle di se pa sèlman nan sans moun ki te ba li orijin oubyen ki te bay lavil pou legliz la, men paske se li menm kap dirije e kap gide legliz la. Poutèt sa, si nou ini nou nan kris la, konsa tou nap ini nou youn ak lòt e nap pran responsablite youn pou lòt.

Konparezon sa a ant legliz la ak kò yon moun kapab ede nou konprann pi byen pi gwo diferans ki egziste ak lòt moun ki nan legliz la. Men yo devlope pwòp fonksyon pa yo, yon pye ap travay ansanm ak yon lòt, je yo, zòrèy yo, bouch yo, chak pati sa yo ranpli yon fonksyon, enpòtan ki depann de lavi youn lòt. Tout pati nan kò yon moun ansanm san li pa renmen youn pi plis ke yon lòt.

Se nan menm fason sa a, tout manb ki nan kò Kris la dwe respekte youn lòt e aksepte youn lòt, ede youn lòt, e pou nou chache grandi ansanm nan Kris la. Yon lòt kote, lè nou di ke legliz la se yon sèl kò li ye nan Kris la, sa vle di legliz la pa ta dwe konsidere tèt li sèlman tankou yon gwoup kwayan ki gen anpil moun oubyen yon ti gwoup kwayan izole. Legliz se yon kominote ini ki reyini pou adore. Legliz la makònen ansanm nan lavi espirityèl yo, nan soufrans yo, nan rankont yo, nan la fwa, ak nan sèvis yo. Chak gwoup kwayan lokal, reprezante yon legliz lokal. Se Kris ki fè Legliz la grandi nan fason yo met tèt yo ansanm; se Kris ki pral ini oubyen ki pral mete antant nan kè chak manb Legliz la selon fonksyon yo chak e fè yo travay an amoni, pou Legliz la ka grandi e gen plis fòs pou lanmou Bondye (Efezyen 4:16).

JeziKri vle ke Legliz la rete ini (Jan 17:21) Sa pa vle di ke tout Legliz yo oubyen tout gwoup lokal yo ta dwe met tèt ansanm, okontrè, li mande pou yo genyen menm objektif. Nap kapab genyen vrè inite a, sèlman si nou rete atache ak Kris, preche pawòl li, epi viv menm jan ke l tap viv nan plas nou.

Objektif egzistans Legliz la nan mond lan

Legliz se yon Kreyason ki soti nan Bondye, se kris menm ki te fonde l' e li mete l' pou tout moun ki te resevwa yon lòt vi nan Kris, ki donk, Pou kisa li te kreye?

Bib la montre nou tou ke Bondye te bay Pèp li a anpil kapasite espesyal ke yo rele tou don. Li te bay don sa yo nan objektif pou pèp li a reyalize yon sèvis espesyal oubyen pou objektif Bondye te rele yo a. Objektif Bondye yo pou Legliz la nou jwenn yo tankou yon rezime ki nan gran kòmandman an ak nan gran komisyon an (Matye 22:37-40; 28:18-20). Kòmandman sa yo ou te ka mete yo ansanm nan senk (5) zòn: adorasyon, kominyon, evanjelizasyon, fè disip ak fòmasyon pou sèvis la. An nou gade kiyès nan objektif sa yo ki pou chak moun.

Adorasyon

Bondye ap chache moun kap adore l' (Jan 4:23), ki mete li piwo pase tout bagay (Matye 4:10). Tout sa ke nou fè, swa pou yon moun oubyen pou Legliz la, dwe yon adorasyon kote pou Bondye montre glwa li ak mond lan. (1 Korentyen 10:31). Bondye te rele nou pou nou kapab yon sakrifis de louwanj (Ebre 13: 15).

Bib la montre nou kòman pou nou pale ak lòt kwayan yo "ak sòm, ak mizik, ak chan espirityèl yo" (Efezyen 5:19). Lè nou reyini tankou Legliz, nap priye e nap tande pawòl Bondye. Sa yo se fòm adorasyon. Konsa tou, nou adore lè nap patisipe ansanm nan repa Senyè a (sent Sèn) ak nan Batèm nouvo kwayan yo.

Kominyon

Mo kominyon an siyifi Zanmitay. Jezi te rele disip li yo "zanmi" (Jan 15:14). Presizeman rapò zanmitay ak Jezi a, se li menm ki fè ke Legliz la se yon kominote kote yo trete moun byen ak lanmou. Yon kominote ki prè pou l' pataje ak youn lòt. Lanmou youn pou lòt dwe yon siy (yon mak) ki fò nan Legliz la (Jan 13:35).

Evanjelizasyon

Bondye te sove nou"pou nou kapab di a tout moun gwo travay li fè: li rele nou soti nan fènwa pou nou vini nan bèl limyè li a". (1Pyè 2:9). Levanjil vle di: anons Bòn nouvèl Sali a ke Bondye te bannou nan Kris la. Lòt moun ki pa fè pati pèp Bondye a genyen anpil bezwen e tout kalite bezwen e nou pa dwe inyore yo. Men pi gran bezwen ke moun sa yo genyen se pou yo tande levanjil la e asepte bòn nouvèl Sali a.

Pi gran bezwen ke moun yo genyen se rankontre fas a fas ak lanmou Bondye a. Yo gen bezwen Jezi nan lavi yo. Kòm Legliz Kris la, Sèvis prensipal nou nan mond lan se preche bòn nouvèl Sali a. Pa gen ankenn Òganizasyon ki fè travay sa a. Sa se sèl misyon Legliz la. Tout Kretyen dwe angaje yo nan travay evanjelizasyon.

Anpil moun envite Legliz la moun yo konnen deja oubyen moun lakay yo nan etid Biblik, ti gwoup priyè, ak nan gwoup fanmi. Lòt moun kapab evanjelize pandan yap temwanye sa Bondye te fè nan lavi yo. Anpil lòt moun preche bòn nouvèl la. Lòt moun pataje lajan yo tankou yon kado nan lanmou Bondye a. Anpil lòt moun prezante bòn nouvèl la pandan yap fè moun kado rad, manje, epi pandan yap pran swen moun ki malad. Anpil lòt moun prezante bòn nouvèl la a travè mizik ak lòt ministè nan Legliz la. Bagay sa yo nou ta dwe fè yo ansanm antan ke kò Kris la. Pandan n'ap patisipe e Legliz la ap ini, Bondye ap ede anpil moun sove e Legliz la ap grandi (1 korentyen 3:5-9, Efezyen 4:16)

Fè Disip

Ansèyman pou nouvo kwayan yo se nwayo gran kòmandman ke Senyè Jezi te bannou responsab antan ke moun kap swiv li. "...Montre yo pou yo obeyi tout sa ke Jezi te mande yo pou yo fè" (Matye 28: 20).

Chak manb nan Legliz la responsab pou yo pataje sa yo te aprann avèk yon lòt moun (1 Korentyen 14:31; 1Tesalonisyen 5:11, Ebre 10:25).

Yon fòm ki montre ke anseye nan ti gwoup etid biblik se yon bon anbyans pou ministè anseyman (sèvi) youn lòt.

"Apot Pòl te chwazi ansèyman sa a lè l' te di ke nou dwe bati Legliz la" (1 Korentyen 14:12). Nou fè sa lè nou reyini, lè nap anime, ak lè nap konsole youn lòt (v.3). Tout reyinyon nan Legliz la dwe fèt pou moun edifye (v.26). Nan Legliz la nou tout nou se elèv. Yon disip se yon moun ki aprann e ki aplike pawòl Bondye a nan lavi l' chak jou. Legliz primitiv te rekonèt nan kominote kote yo tap viv la paske "yo te kenbe djanm nan ansèyman Apòt yo, nan kominyon, nan separasyon pen, ak nan priyè" (Travay Apòt 2:42).

Antrènman pou sèvis la

Dezyèm kòmandman ki pi gran nan Bib la se renmen pwochen w (Matye 22:39). Apòt Pòl ekri: "Tout fwa ke sa posib pou nou, an nou fè byen ak tout moun, espesyalman ak moun ki gen menm fwa avèk nou" (Galat 6:10).

Devwa nou kòm kretyen se ede lòt moun ki nan nesesite. Ede moun kap viv tou prè nou tankou fanmi nou nan la chè e tankou frè nou nan fanmi Bondye a, tankou moun kap viv nan yon plas ki pi lwen nan mond lan. Se poutèt sa tout Kretyen yo dwe fòme tèt yo pou yo itilize byen kapasite ak talan ke Bondye te ba yo. Se responsablite Legliz pou li fòme tout kretyen yo pou li kapab fè yo travay selon sa Bondye te rele yo pou yo fè e selon kapasite yo avèk don Sentespri a. Chak Kretyen genyen yon vokasyon nan Kris ak yon apèl pou li travay pou li (Matye 28:18-20).

Pou kisa nou bezwen fè pati yon ▆▆▆▆ Legliz lokal?

Anpil moun di yo kretyen men yo pa vle fè pati yon Legliz. Moun sa yo ap tronpe tèt yo pandan ke Nouvo Testaman an prezante byen klè ke kretyen yo yo reyini oubyen mete tet yo ansanm (Ebre10:25).

Apòt Pòl pa janm sispann ankouraje kretyen yo pou yo toujou rete ansanm epi atache youn ak lòt, e pou yo kenbe zanmitay youn ak lòt.

Sa prèske enposib si Kretyen yo pa reyini (women 12:10; 15:7; 1korentyen 12:25; Galat 5:13; Efezyen 4:32; Filipyen 2:3; kolosyen 3:13; 1 Tesalonisyen 5:13). Nan Legliz la nou rankontre yon plas kote pou nou aprann sèvi.

Yon lòt rezon ki fè nou bezwen fè pati yon Legliz local se paske nou santi sa fè sans lè nou fè pati yon gwoup kap soutni nou e kap ede nou rete nan verite ki nan bib la e konsa nou pap kouri dèyè lòt ide ki pa soti nan bib la. Nan Legliz la nou aprann verite a nan yon lòt fason ke nou pa tap kapab aprann pou kont nou. Nan Legliz la, nou jwenn tou konsèy pratik ki bon anpil pou nou fè fas ak sitiyasyon difísil ki gen nan vi a.

Se pati nan yon Legliz ki pèmèt nou resevwa swen nan men pastè yo ak frè yo nan la fwa. Yo okipe tou nan pwogrè nou ak pèseverans nou nan vi ak nan fason nap mache nan Kris la. Map fè nou sonje ke nou fenk kómanse yon nouvèl vi espirityèl e nou gen bezwen grandi jou aprè jou. Kòm nouvo kwayan sa mande pou nou gen swen ak atansyon ke nou gen bezwen. Se poutèt sa, chak reyinyon ak ministè nan Legliz la se enstriman ke Bondye itilize pou ede nou nan vi nou.

Sepandan, Rezon ki pi enpòtan pou chak kretyen patisipe nan Legliz lokal se paske Legliz la bezwen sa. Nouvo kwayan an ap grandi nan lavi lap mennen nan Kris la chak fwa ke li ap mete men nan travay ki genyen nan Legliz la.

Lè kwayan yo pa patisipe nan travay nan Legliz la, Legliz la pa grandi e sa fè Legliz la soufri nan tout sans nan bon jan devlopman l' (1 korentyen12:4-7).

Pou fini, lè nou se manb nan yon Legliz, konsa tou nou genyen privilèj pou nou kontribye nan travay nan Legliz la nan plas ke li reyini an epi ak tout moun nan dim ak nan ofrann (Malachi 3:10).

Kado lanmou sa yo nan Legliz la se yon pati nan adorasyon nou yo pou Bondye nou an, pou nou pataje ak lòt moun yon ti kras nan tout sa Bondye ba nou.

Legliz la se yon fanmi kote nou ede youn lòt. E se nan menm èd sa a nou genyen privilèj pou nou sèvi Bondye ak tout sa nou ye e ak tout sa ke li te bannou.

Pou kisa se dimanch kretyen yo reyini? ▬▬

Depi nan kreyasyon mond lan kretyen yo te rezève yon jou nan semèn nan, selon kòmandman Bondye a ke yo konsakre pou yo repoze, nan adorasyon ak aprann pawòl Bondye. Jou sa a se te samdi, yo rele l' tou jou repo a. Bondye te mande sa paske li te repoze aprè tout travay ke li te gen pou li fè nan kreyasyon an nan 7e jou a (Jenèz 2:2-3).

Katriyèm nan dis kòmandman yo Bondye bay lòd: " Sonje jou repo a pou nou sanntifye li". Jou repo sa genyen yon valè sakre pou Bondye. Bondye rele moun sa yo non sèlman pou yo repoze nan kò fizik yo, men pou yo repoze nan Senyè a. Repoze nan Senyè a vle di adore li, ba li glwa, fè aksyon de gras pou li pandan wap chache genyen yon relasyon sere ak li nan lanmou li.

Kretyen yo nan Nouvo Testaman an selebre rezireksyon Senyè Jezi jou dimanch (Jan 20: 26; Travay 20: 7; 1Korentyen 16: 2, Apokalips 1:10). Fèt sa a te pran plas samdi a ki, jou repo a. Kounye a, se dimanch ke nou rele "jou Senyè a".

Se konsa menm jan jou dimanch lan te make lavi kretyen yo. Premye Kretyen yo te konsakre espesyalman premye jou nan semèn nan pou yo adore Senyè a, kominyen youn avèk lòt e patisipe ansanm pou adore Bondye kòm yon pèp.

Se poutèt sa a dimanch se jou pou moun kap swiv Jezi Kris yo sonje ke yo te resevwa Sali a pa mwayen sakrifis Jezikri a. Sa se rezon ki fè kretyen yo selebre li. Se pa sèlman raple nou yon evennman ki gen anpil tan ki te pase, men se kwè ke Jezi Kris te resisite li nan mitan disip yo, " paske pawòl la di kote ki gen de oubyen twa moun ki reyini nan non mwen, mwen la nan mitan yo" (Matye 18: 20) e lap vini pou li reyini avèk yo pou tou tan (Matye 28: 20).

Kòman map kapab fè pati yon ▬▬▬ legliz?

Legliz Kris la konpoze ak tout moun ki te resevwa yon nouvèl vi nan Jezikri. Poutèt sa, pou ou kapab fè pati nan legliz la nou bezwen fèt yon dezyèm fwa, konfese e repanti nan peche nou yo, asepte Kris kòm sovè pèsonèl nou e rekonèt li tankou senyè nou.

Pou ou kapab manb nan yon Legliz Nazareyen nou dwe deklare piblikman esperyans kòman nou te sove, nou dwe kwè tout bon vre nan verite ki soti nan bib la ke Legliz la anseye nou an, konsa, kòman pou nou angaje nou pou nou patisipe tout bon vre nan ministè yo nan Legliz la ansanm ak lidè Legliz yo ak pastè yo.

Pou nou fini

Panse ak yon timoun depi lè li te tou piti li tap viv li pat jwenn afeksyon paran li yo, epi ki tap chache chak jou kibò li pral pase nwit lan, anpil fwa san li pa gen anyen pou li manje. E tousuit, gen yon moun ki parèt e di li: " vini avè-m, mwen vle ba ou yon fwaye, yon plas kote wap jwenn lanmou yon Papa ak afeksyon anpil moun ki tap soufri tankou-w, pandan anpil tan, men jodi a yo kontan yo nan pwoteksyon, paske yo genyen kay pou yo dòmi, yo gen manje pou yo manje, yo jwenn afeksyon... nan yon fanmi.

Li posib si-w ta nan plas timoun sa a, ou pa tap ka kwè-l, e li pa tap fasil pou ou konprann ke yon moun ta pral fè sa pou ou gratis. Sepandan li vrè, e sa se plan Bondye pou ou: "Bondye te tèlman renmen nou, e li te deside voye Jezikri pou li te adopte nou tankou pwòp pitit li, kidonk, se konsa li te panse fè li depi nan kòmansman mond lan" (Efezyen 1: 4-6).

Vini manb nan fanmi Bondye a se yon gran privilèj ke nou pat merite. Pandan ke nou resevwa-l nou genyen angajman pou nou atire tout moun nan kòman yap kapab antre nan nouvèl fanmi nou an ki se Legliz. Nou fè sa a jan nou dwe fè-l nan kò Kris la ak pouvwa Lespri Sen an.

Bibliyografi

* Manyèl Legliz la Nazarèt

CHACHE KONNEN JEZI CHAK JOU
31 devosyon pou nouvo konvèti sou levanjil Lik la

Christian Sarmiento
Mónica E. Mastronardi de Fernández

Lik 1:1-25 Jou 1

"Yo tou de te mache dwat devan Bondye, yo tap swiv kòmandman Mèt la ansanm ak tout lalwa san okenn repwòch ." Lik 1:6

Pasaj sa a montre nou egzanp Zakari ak Elizabèt la :

1. Yo te mache dwat devan Bondye. Bondye te fè nou jis, lè li fè nou jis, li netwaye nou de peche nou yo, nou vin dwat devan li. Kounye a, nou se yon moun diferan paske Bondye te padone peche nou yo atravè san Kris la. Gen kèk moun ke ou konnen, ki pa kretyen, ki pa konprann sa a, epi ki antann yo pou retounen nan peche a. Men, nan Kris la nou se moun k'ap mache dwat, menm lè lòt moun pa konprann nou.

2. Yo te obeyi tout lòd ak kòmandman. Yo te obeyi Bondye. Lè w konprann Pawòl Bondye a, nou ka viv nan obeyisans, epi nou dwe yon egzanp pou lòt moun yo tou.

Egzamine tèt ou: Eske Mwen vle grandi ak tout kè mwen nan lavi sa a ke Kris la te ban mwen an ? Eske mwen mete tan apa chak jou pou li Bib la ak priye?

Lapriyè: Papa, ede mwen gen pèseverans nan lekti pawòl ou. Avèk èd Sentespri a ak lidè yo nan legliz mwen, mwen pral aplike pawòl ou nan tout pati nan lavi mwen.

Lik 1:26-56 | Jou 2

Mari reponn li: " se sèvant mèt la mwen ye, mwen swete pou sa rive jan ou di -a.". . . Lik 1:38

1. Bondye te gen yon plan pou lavi Mari. Bondye te chwazi li pou yon rezon espesyal. Li te mete objektif li nan Mari paske se li menm ki te soumèt e obeyi volonte Bondye. San kondisyon, li te lage lavi li nan men Senyè a. Li pat mande lajan, repitasyon, pouvwa oswa nenpòt lòt benefis pèsonèl an echanj pou obeyisans li nan Seyè a.

2. Bondye gen yon objektif pou lavi ou. Menm jan Bondye te gen yon plan pou lavi Mari a, Li gen yon bi pou chak moun. San kondisyon, lage lavi ou nan men Bondye, li pral fè objektif li parèt nan ou. Nan plan ke Bondye gen pou ou yo; L'ap beni ou, epi an menm tan an, L'ap beni tout lòt moun yo tou.

Egzamine tèt ou: Eske mwen vle swiv plan an ke Bondye te pare pou lavi m?

Lapriyè: Senyè, fè m yon disip, mwen vle sèvi ou nan tout sa ou mande mwen. Mèsi deske ou kreye yon plan pou lavi mwen pou mwen kapab yon benediksyon pou lòt moun.

Lik 1:57-80 | Jou 3

"Menm lè a bouch li louvri, lang li lagé, l'ap pale li t'ap chante pou Bondye byen fò." Lik 1:64

1. Zakari te gen anpil rezon ki fè li louwe Bondye. Li te kwè ke Bondye te ba li yon pitit gason ansanm ak madanm esteril li a malgre li te fin vye granmoun. Bondye te devwale bay Zakari plan an espesyal ke Li te gen pou Jan, ke Jan Batis ta prepare kè moun yo pou vini Jezi Sovè a. Bondye pini Zakari pou nèf mwa. Kounye a, Bondye te geri li e li te ka di mèvèy Bondye a anpil lòt moun.

2. Ou gen tout rezon pou fè lwanj Bondye. Bondye te ban nou yon lavi tou nèf nan Jezi Kris. Se bòn nouvèl sa ke ou ka pataje ak lòt moun. Benediksyon sa yo ke nou resevwa nan men Bondye yo dwe pataje ak tout moun. Bòn nouvèl la se yon bon bagay ki di ke gen lavi etènèl nan Jezi Kris la. Tout moun ou konnen bezwen tande bon nouvèl la nan men ou.

Egzamine tèt ou: Ki rezon ki fè jodi a mwen fè lwanj Bondye?

Lapriyè: Senyè mwen fè lwanj ou pou bon bagay sa yo ke ou fè nan lavi m '! Ede m' pataje bòn nouvèl sa a ak zanmi mwen epi fanmi mwen yo.

Lik 2:1-52 `Jou 4`

"Men zanj lan di yo konsa: Nou pa bezwen pè. Map anonse nou yon bòn nouvèl ki pral fè tout pèp la kontan anpil. Jodi a nan vil David la nou gen yon Sovè ki fenk fèt; Se Kris la, Senyè nou an." Lik 2:10-11

1. Nou gen yon Sovè! Jezi te vin delivre nou, li padonnen nou nan peche nou yo. Li te vini pou sove fanmi nou ak zanmi nou yo. Li se Sovè mond lan!

2. Jezi se Kris la ak Senyè a. Pawòl la (Kris) li pale sou liberatè ke Bondye voye a. Nou gen yon liberatè. Sa a se yon gwo nouvèl ki pote kè kontan nan nou. Nan Kris la gen espwa. Lè Kris la va vini ankò, pap gen okenn doulè ni tristès. Nou pral viv ansanm avèk Li pou tout tan. Sa se espwa nou!

3. Mo "Senyè" vle di pwopriyetè, yon moun ki gen kontwòl. Bagay ki pi bon ke yon moun ka fè se bay Jezi kontwòl lavi li. Apre sa, li ap gide nou etap pa etap nan tout desizyon nou yo. Sa ap mennen nou fè lwanj Bondye, lòt moun pral vle gen lavi a ak delivrans ke nou jwi.

Egzamine tèt ou: Eske m ka pèmèt Kris la pou Li vin Senyè nan tout lavi m?

Lapriyè: Mèsi Papa pou Jezi ou voye, pitit gason ou a nan mond sa pou Sovè m ak Senyè mwen. Jodi a mwen ba ou kontwòl tout lavi mwen.

Lik 3:1-38 `Jou 5`

"Sentespri a desann sou li anfòm yon ti pijon. Li tande yon vwa soti nan syèl la: Ou se pitit mwen renmen anpil la; ou fè kè mwen kontan anpil." Lik 3:22

Batèm nan se yon temwayaj piblik, sa Bondye te fè nan lavi ou. Kretyen yo resevwa batèm paske se lòd ke Jezikri Senyè nou an te bay, Lè nou batize, nou afime ke nou vle viv kòm disip Kris la.

1. Ou se yon pitit ke Bondye renmen anpil. Kounye a, ou ka vin jwenn Bondye nan lapriyè ak konfyans menm jan yon pitit gason ka al jwenn Papa l ke li renmen. Sèlman moun ki gen dwa rele Bondye Papa a, se moun ki aksepte Kris kòm Sovè pèsonèl li.

2. Papa a pran plezi lè l'genyen ou kòm pitit li. Lè yon moun regrèt peche li yo epi viv nan Jezi Kris, Bondye kontan e santi l satisfè ak nouvo pitit li a.

Egzamine tèt ou: Eske mwen fè eksperyans la jwa nan lavi m, deske se pitit Bondye mwen ye? Mwen vle resevwa batèm, menm jan Jezi te demontre dezi li pou mwen te vin disip li?

Lapriyè: Senyè, dezi mwen an se pou mwen swiv ou nan resevwa batèm.

Lik 4: 1-14

"Jezi, plen ak Sentespri a, ... te tante ... Jezi tounen nan peyi Galile anba pouvwa Lespri Bondye a,.." Luke 4:1, 2, 14

Lè ou tante se yon bagay nòmal. Chak moun, menm Jezikri Senyè a te tante. Estrateji li pou pote viktwa sou tantasyon se te rejte li imedyatman. Kidonk, kisa ki se kle pou nou lite anba tantasyon?

Nou pa gen viktwa pa disiplin nou ni pa fòs karaktè nou. Pi bonè oswa pita, tantasyon an defèt limit nou yo antanke moun. Ni edikasyon pa kapab. Pa gen anyen ke nou fè nan pwòp fòs kouraj nou yo k'ap garanti nou viktwa anba tantasyon. Pawòl Bondye a anseye nou ke nou ta dwe kouri soti nan tantasyon. Kretyen an ta dwe rete lwen panse, kote amizman, ak sitiyasyon kote tantasyon ye. Men, li pa kapab fè li san Bondye pa ede li.

Bagay sèlman ki ka garanti nou genyen batay la, se plen ak prezans Sentespri a. Kounye a, li menm pèsonèlman ap viv nan ou. Ou bezwen depann sou li pou gen viktwa sou tout tantasyon epi gen yon lavi viktorye.

Egzamine tèt ou: Ki tantasyon sa yo ki mare pye mwen konsa?

Lapriyè: Senyè, tanpri ranpli mwen ak pouvwa Sentespri ou, ede m pote viktwa sou tout tantasyon kap toumante m yo. Ban m volonte w pou m kapab chape anba sa ou pa renmen.

Lik 4: 14-44

"Yo te sezi tande sa l' tap montre yo, paske li t'ap pale tankou moun ki gen dwa di sa l'ap di a." Lik 4:32

Poukisa moun yo di ke Jezi te pale ak otorite? Se pa paske li enpoze opinyon Li. Se pa paske li te fòse yo obeyi pawòl li yo.

Otorite Jezi a te jwenn plas li paske Li te pale avèk verite ki nan Liv yo. Jezi te prezante Liv Ansyen Testaman yo pou li ka montre yo ki moun li te ye.

Jezi se te akonplisman pwomès nan Ansyen Testaman. Jezi se prèv vivan ke nou kapab kwè nèt ale nan pwomès Bondye yo. Bondye pa bay manti; ni li pap tounen sou pwomès li yo. Kris la se Pawòl vivan Bondye a. Se li menm ki wòch ki pi an sekirite ke nou ka lage la vi nou sou li.

Egzamine tèt ou: Nan kilès mwen mete konfyans mwen? Nan pwofesyon mwen? Nan tout byen mwen? Nan tout fòs mwen? Nan fanmi m? Oswa nan Kris la?

Lapriyè: Senyè, mwen di ou mèsi paske ou se Bondye ki toujou di mwen verite a. Ede mwen pou mwen mete valè nan Pawòl ou kòm sèl e vrè gid pou lavi mwen. Ede mwen pou mwen viv nan verite a.

Lik 5:1:39

"... Lè sa a, Jezi di Simon, ou pa bezwen pè; depi kounye a se moun ou pral peche." Lik 5:10

Ki okipasyon ou genyen? Bòs chapant? Doktè? Sekretè? Pwofesè / ansenyan? Ou ap travay nan yon faktori oswa nan yon biwo? Kounye a ou se yon kretyen, ou gen yon okipasyon tou nèf: peche moun. Jezi te di Pyè konsa: "Kounye a, ou pral peche moun." Mo "pechè" a endike yon moun ki trape yon bagay ki vivan. Jezi vle w' genyen yon dezyèm pwofesyon. Li pa vle ou abandone travay ou. Li vle ou kontinye li epi fè travay li a, ou se pechè moun.

Disip Kris yo gen privilèj pou yo pataje nouvo lavi nan Kris la avèk lòt moun. Se sa temwanyaj vle di: Pou di lòt moun, ak pwòp pawòl mwen ak egzanp mwen, de espwa Sali a nan Kris la. Jezi vle lavi ou klere tèlman fò ke tout moun ki bò kote w ap remake diferans lan ke Kris la fè nan ou. Jis di ann ede pechè yo atire pwason, Bondye pral sèvi ak lavi ou pou atire anpil, pou yo rive jwenn sali ki p'ap janm fini nan Kris la.

Egzamine tèt ou: Eske lavi m 'jodi a se yon egzanp vivan pou ke lòt moun ka konnen Kris la kòm sovè pèsonèl li?

Lapriyè: Senyè, mèsi pou opòtinite sa a ke ou ban mwen pou mwen kapab kolaboratè ou pou Sali lòt moun yo.

Lik 6:1-11

"Aprè sa a, Jezi di yo, mwen menm moun Bondye voye nan lachè a, mwen se mèt jou repo a." Lik 6:5.

Depi kreyasyon mond lan, Bondye te bay lòd pou nou kenbe yon sèl jou pou pran yon ti repo. Jou sa a dwe konsakre nèt nan fè sèvis pou li. Pèp Izrayèl la te kenbe Samdi. Nan tan Jezi a, jwif yo fè kòmandman sa ale menm pi lwen, menm entèdi moun fè sa ki byen pou lòt moun nan jou repo a. Men, Jezi ak disip li yo anseye, geri epi asiste malere jou sa a. Pou rezon sa a, yo te kritike yo. Jezi se moun ki ta dwe fè nou konnen kouman yo sèvi ak li jounen jòdi a. Kòm kretyen, nou ta dwe ede lòt moun chak jou, menm nan Dimanch, ki se jou repo nou an. Jezi espere ke nou bay yon pati enpòtan nan tan nou pou nou sèvi l nèt.

Kretyen reyini ansanm lè Dimanch yo adore Bondye, epi aprann Pawòl Li. Kretyen an patisipe nan ministè yo nan legliz la nan Dimanch. Men, legliz la tou te gen ministè sou lòt jou nan semèn lan tou. Sa yo se opòtinite pou yo ofri sèvis pou ede kominote a ak kèk lòt kwayan.

Egzamine tèt ou: Eske m mete apa yon pati enpòtan nan tan mwen pou sèvi Bondye pandan map rann sèvis ak lòt moun?

Lapriyè: Senyè, mèsi dèske ou ansenye nou pou mete yon jou apa pou ou. Ede mwen pou mwen òganize mwen pou m' ka mete yon bon kantite tan pou m sèvi ou chak semèn.

Lik 6:12-49

"Moun ki vin jwenn mwen, ki tande pawòl mwen epi ki fè sa mwen di li fè, men kijan l'ap ye. Yo tankou..." Lik 6:47-48

Tankou ki moun ou ta renmen ye? Modèl lavi nou se Kris - nou ap imite li. Nou se pòtre avèk li. (Jenèz 1:27). Jezi ap viv nan ou, epi ou ta dwe pèmèt li parèt nan lavi ou. Ki jan? Kle a se obeyisans. Obeyisans se tande Pawòl li a, epi imedyatman fè sa Li di. Moun ki nan obeyisans konpare ak yon nonm ki bati kay li sou yon fondasyon asire. Kay fèm sa a reprezante lavi kretyen an ki gen fondasyon li ki se Kris la.

Nou tout gen pwoblèm nan lavi nou. Pa gen okenn moun ki ka chape anba men yo. Men, lè pwoblèm rive nan lavi kwayan an, lavi nou pral sou wòch solid la ki se Kris la. (1 Korentyen 10:4). Si w ap viv lavi ou nan Kris la, moun ki gen bò kote ou chak jou pral wè verite a nan temwayaj ou. Yo pral wè ke lavi ou bati sou wòch la: Jezi. Li pa gen pwoblèm lè gwo tanpèt la vini, li ap toujou soutni nou.

Egzamine tèt ou: Koman ou reyaji devan pwoblèm yo?

Lapriyè: Senyè, ede mwen pou mwen obeyi Pawòl ou, menm lè pwoblèm yo vini.

Lik 7:1-50

"Lè Jezi tande pawòl sa a, li te sezi anpil, . . . M'ap di nou sa, mwen poko janm jwenn yon moun ki gen konfyans nan Bondye konsa '. . . " Lik 7:9

Relasyon nou avèk Jezi posib se pa mwayen lafwa. Lafwa se kwè nan sa ou ap tann, toujou kwè menm lè ou pa ka verifye li ak sans ou yo. (Ebre 11:1). Nou pa ka wè Jezi tankou moun ki te viv nan premye syèk la. Men, Li vivan epi li reyèl. Li koute priyè nou yo epi li reponn ak bezwen nou yo. Sa pa enpòtan ki kalite bezwen yo ye, li ede nou e Li bay yon repons, "wi" oswa "non". Nou dwe fè li konfyans li konnen sa ke nou bezwen.

Lafwa pou nou mande yon favè espesyal nan men Bondye dwe nan Li sèl pa nan ankenn lòt moun. Lavi kretyen an se yon lavi lafwa. Depoze tout konfyans ou nan Jezi e ou pral wè rezilta yo. Bondye pwomèt nan Pawòl li: "... mete konfyans nou nan li, li pral fè sa a:" (Sòm 37:5).

Egzamine tèt ou: Eske m 'mete konfyans mwen nan Jezi oswa nan yon lòt moun? Ki moun ke mwen bay remèsiman an lè Bondye reponn lapriyè m?

Lapriyè: Senyè, mèsi deske ou ban nou kado lafwa. Ede m gen konfyans nan ou konplètman pou m lapriyè pou moun ki bezwen ou. Lapriyè mwen se sa ke ou va montre yo lanmou ou pou yo.

Lik 8:1-21 `Jou 12`

"Te gen kèk fanm avèk li tou . . . ak anpil lòt moun. Fanm sa yo te sipòte ak sa yo te genyen." Lik 8:2, 3

"Tè a, ak tout sa ki ladan li se pou Senyè a, mond lan ak tout moun ki ap viv ladan l'. Li te fonde li sou lanmè a epi mete li chita sou dlo. Sòm 24:1, 2. Tout bagay ki egziste se pou Bondye e nou gen privilèj pou nou kolabore ansanm avèk Li nan pran bon swen kreyasyon li a. Menm jan nou te mete pawòl Bondye nan mond lan e nou jwi tout sa ki soti nan li. Kòm pitit gason Bondye a, nou ta dwe pran swen bagay ke li te ban nou. Sa nou dwe itilize pou satisfè bezwen nou yo ak pou ede lòt moun ki nan bezwen.

Motivasyon pou kretyen an bay se pa devwa, enterè oswa pèrèz pou l pran pinisyon. Nou bay nan renmen ak rekonesans pou Bondye ki san gade dèyè te ban nou tout bagay ... Jezi Kris la, ... li te vin pòv, pou ke pa povrete li nou te ka vin rich." (2 Korentyen 8:9). Sa a se atitid ke Bondye espere nan men nou an tèm de tan nou, kapasite ak tout byen nou.

Egzamine tèt ou: Ki egzanp fanm sa yo anseye m an tèm de atitid ak sa mwen ta dwe sèvi ak Seyè a? Èske gen kèk fason ke mwen ka sèvi Senyè a jodi a?

Lapriyè: Senyè, moutre m ki jan pou m sèvi ou ak lavi mwen ansanm ak tout sa ou te ban mwen. Ban m yon kè jenere.

Lik 8:22-56 `Jou 13`

"Jezi te di . . . Nou pa bezwen pè; jis kwè sa, Pitit la va geri." Lik 8:50

La a nou jwenn kat kriz nan lavi moun sa yo. Disip li yo, bloke sou lak la, nan yon tanpèt, yo te panse yo pa tap ka soti vivan. Yon jenn ti gason ap soufri anpil avèk yon move lespri sou li, ke moun te rejte li, pa renmen li e li te san espwa.Yon fanm t'ap soufri ak yon move maladi ki pat gen gerizon ki te fè li vin pòv. Paran yo kouri pran pitit fi yo.

Nou tout te nan yon sitiyasyon ki pote anpil dekourajman. Men, lè nou fè fas ak soufrans, Jezi toujou avèk nou, li pa janm lage nou. Bondye se pi bon zanmi nou nan pwoblèm yo. Li vle dirije nou pou nou jwenn pi bon solisyon an. Pafwa nou mete konfyans nan tèt nou oswa nan lòt moun epi nan Kris la. Ou se sèl moun ki kapab deplase nan direksyon pou Bondye, epi lwen tèt ou. Pa vire do bay Bondye lè w ap soufri. Sen yo pa Bondye, doulè a vin ensipòtab epi li sanble ke pwoblèm yo pa gen solisyon.

Egzamine tèt ou: Èske gen kèk sitiyasyon ki kapab koze kè sere ke mwen ta dwe mete nan men Bondye jodi a?

Lapriyè: Senyè, mwen mete nan men ou sitiyasyon sa a ... ban m bon konprann pou konsole yo.

Lik 9:1-24 | Jou 14

"Nenpòt moun ki ta vle sove lavi li va pèdi li, men moun ki va pèdi lavi li poutèt mwen menm, la sove li." Lik 9:24.

Ki moun ki vle pèdi lavi li? Pa gen moun. Lavi nou se trezò ki gen plis valè. Lè sa a, ki lavi Jezi ap pale? Ki lavi ke nou ta dwe pèdi?

Lavi ke nou ta dwe pèdi se endepandans pa rapò ak Bondye, sa vle di, pwojè mwen, rèv mwen, dezi mwen. Yon moun ki kenbe lavi sa a ap pèdi tout bagay. Lè w lage tout bagay nan men Jezi pou montre ou pwojè li yo, rèv li yo ak dezi li yo pou lavi ou. Si mwen swiv volonte l pou lavi m, Li ap ban mwen tout sa mwen bezwen. Mwen pral fè yon diferans nan mond sa a, epi sove lavi mwen. Ou ta dwe sonje, Jezi te vini, li te bay lavi li pou ou. Kounye a se chans pa ou pou bay tout bagay. Lè ou fè sa, Jezi ap montre moun renmen li gen pou yo atravè ou menm. Lè nou remèt tèt nou bay Bondye, li reponn nou lè nou plase anba pouvwa Lespri li a, se konsa ke li rete nan nou epi li ranpli nou chak. Lespri Bondye a kap anseye nou an ap ede nou viv yon lavi nan obeyisans epi swiv egzanp Jezi yo. (Lik 11.13)

Egzamine tèt ou: Eske Mwen vle lage tout mwen menm bay Jezi oubyen eske gen kèk pati nan lavi mwen ki toujou rete pou mwen ke mwen pa bay?

Lapriyè: Papa, mwen vle lavi m pou ou nèt, plen ak lespri ou. Lavi m se pou ou li ye, Senyè mwen an. Sèvi ak mwen jan ki fè ou plezi.

Lik 10:42 | Jou 15

"Li te di yo: rekòt la anpil, men pa gen ase travayè pou ramase li. Mande Senyè a pou voye traveyè nan jaden l lan." Lik 10:2

Bondye bezwen travayè pou ranmase rekòt yo. Mo rekòt vle di yon jaden ki pare yo dwe ramase li. Si pa gen okenn travayè pou ranmase rekòt la nan moman ke li mi, rekòt la ap pèdi. Nan pasaj sa a, rekòt la se limanite ki pare pou koute epi grandi nan lavi sa a ki tou nèf nan Jezi Kris.

Gen anpil kalite travayè ki sèvi nan legliz la: pwofesè Bib la, predikatè, mizisyen, evanjelis, nan mitan lòt moun yo. Gen anpil moun ki bezwen tande pale sou Jezi! Se pou rezon sa a, kèk ouvriye pa ase. Bondye bezwen pou w pataje enkyetid li pou ensifizans travayè yo. Kòmanse lapriyè nan pye Senyè mèt rekòt la, L'a voye travayè yo, epi pare ou pou reponn Senyè a lè li ta mande ou ale fè sèvis li. Kèlkeswa pwofesyon ou, se Bondye k'ap sèvi ak ou pou rekòt la. Pou sa, li te ban nou kapasite, yon pwofesyon, ak eksperyans lavi pou ke ou ka pataje Jezi avèk moun ki pare pou koute yo.

Egzamine tèt ou: Ki jan Bondye ka sèvi ak mwen pou m mennen plis travayè nan jaden l lan?

Lapriyè: Senyè, mwen vle patisipe nan ranmase rekòt ou a, pou pale ak moun ki pa ko tande, konsa yo ap konnen ke gen lavi tou nèf nan Jezi.

Lik 11:1-54

"Padone peche nou, menm jan nou padonen moun ki fè mal." Lik 11:4

Jezi toujou ap lapriyè. Priye te tankou yon bagay natirèl pou Jezi menm jan ak respire. Lè Jezi tap anseye disip li yo ki jan pou yo lapriyè (Lik 11: 2-4), li te fè yo sèvi ak mo senp. Bondye pap tann diskou prepare nan men nou. Li te espere ke nou ap viv nan konfyans. Lapriyè Senyè a anseye nou kòm manm nan legliz la. Legliz la te aksepte pitit Bondye a jan Jézi Seyè nou an te di l la. Travay la nan legliz-la se pou elaji wayòm Bondye a nan kominote nou an. Wayòm Bondye a prezan kote nou ye la paske Bondye ap gouvènen nan kè nou. Nan Peyi Wa sa a, se volonte Bondye ki toujou obeyi.

Volonte Bondye sè ke nou fè yon sèl. Bondye vle nou padonnen youn ak lòt e nan fason sa a, nou dwe ini nan li. Se pou rezon sa sa a, nou ta dwe padone moun ki ofanse nou pa mo yo oswa aksyon chak jou.

Egzamine tèt ou: Èske gen yon bagay nan kè m ke mwen bezwen padonnen? Èske yon moun ofanse m ak pawòl li, atitid oswa konpòtman? Mwen kwè ke Bondye kapab ban m ase renmen pou padonnen peche moun sa a?

Lapriyè: Seyè, mwen vle padonnen nan menm fason ke ou padonnen m.

Lik 12:1-57

"Paske, kote richès ou ye, se la kè ou ye tou." Lik 12:34

Nan jou Jezi yo, menm jan jodi a, kè a reprezante sant intelijans nou yo ak konsyans moral nou yo ak desizyon yo.

Ki sa ki se yon trezò? Li se yon bagay ke nou apresye anpil epi yo pa vle pèdi. Li se yon bagay ke nou renmen epi, li kapab reprezante espwa nou pou tan kap vini an. Anjeneral, nou defann richès nou nan tout pri. Si trezò nou an egzije pou pran swen l ak tout atansyon nou yo ak enèji, nou ap bay yo plis enpòtans pase yo ta dwe genyen.

Bondye dwe gen priyorite nan tout lavi nou, se konsa pa gen anyen Ki kapab distrè nou nan sèvis li yo ak relasyon yo avèk li. Lè n pa bay Bondye premye plas nan kè nou, lòt bagay fin absòbe tout tan nou, enèji, panse ak renmen nou. Si nou pa bay Bondye premye plas nan lavi nou satan ap ranpli lavi nou ak lòt bagay.

Egzamine tèt ou: Ekri yon lis trezò ou.

Lapriyè: Seyè, mwen vle ba ou premye plas nan lavi m, epi fè rès la nan lis mwen an segondè wa nan peyi Jida ou.

Lik 13:1-35 `Jou 18`

Men, lè Jezi wè l, li rele l li di li: Madanm, ou delivre anba enfimite ou a. Lik 13:12

Pawòl Jezi yo gen kapasite pou yo geri andedan tankou deyò. Kèlkeswa bezwen ou yo, sè l Jezi gen pouvwa a geri ou. Nan okazyon, gerizon an kap pase nan yon moman. Lòt fwa, gerizon an vini pita nan pwosesis la ak restorasyon an. Nan lòt okazyon, gerizon an ka rive jouk apre lanmò fizik, tankou ka Apot Pòl la. (2 Korentyen 12:7)

Delivrans ke Bondye ofri se konplè! Li vle retabli nou soti nan tout mak yo ki te fè peche rete nan lavi nou. Sa se travay delivrans lan ki kòmanse nan moman sa, nan li nou resevwa nouvo lavi nan Jezi Kris la, epi li kontinye pandan tout lavi nou an. Nan pwosesis sa a, Bondye retabli nou kòm estati l pou n sanble ak li.

Egzamine tèt ou: Eske gen yon maladi fizik oswa emosyonèl nan mwen ki bezwen geri? Èske gen kèk lòt moun ki bezwen sante pou kò yo ak lavi?

Lapriyè: Seyè, mwen mande ou geri m nan maladi ki soti pou fè m soufri a. Mwen konnen sa posib gras a sèvis ofrann bèt Kris la sou kwa a pou mwen. Koulye a, mwen lapriyè, tou, pou, se konsa ke li ye oswa li ta pral fè eksperyans gerizon an, epi yo ka konnen nou menm tou kòm Sovè pèsonèl yo.

Lik 14:1-34 `Jou 19`

"Nan menm fason an, nou youn pa kapab disip mwen si l pa detache kè l sou tout sa li genyen." Lik 14:33

Kle vèsè sa a se mo « èt ». Yon disip se yon moun ki viv menm jan ak mèt li. Lè sa a, nou ka mande: kijan Jezi te viv?

Nan liv Filipyen an, Apot Pòl reponn a kesyon sa a lè li di ke Jezi... li fè tèt li pase pou anyen, pandan li pran fòm yon domestik ... li te desann tèt Li byen ba epi moutre obeyisan jiska lanmò ..." (Filipyen 2:7, 8) Granmesi obeyisans pafè Jezi a, nou ka disip li epi gen lavi etènèl. Pou kapab yon disip, li nesesè pou swiv Jezi. Ki jan? Nan vini tankou li epi fè sa li te fè.

- Nan bay lavi nou nèt a Bondye (li fè tèt li pase pou anyen)

- Nan bay lavi nou nan rann sèvis a lòt moun (... li te desann tèt Li byen ba epi moutre obeyisan jiska lanmò...)

Sa ki enpòtan nan zafè disip se bliye tèt ou pou ka vin swiv Jezi Kri.

Egzamine tèt ou: Eske mwen sanble ak Jezi pi plis nan fason mwen ap viv? Kisa mwen abandone pou m' swiv Jezi?

Lapriyè: Papa mwen ki nan syèl la, tanpri, fè m yon disip ki ap viv menm jan Senyè mwen ak Mèt mwen, Jezi. Tanpri chanje nan mwen tout sa ki anpeche m vini menm jan avèk ou.

Lik 15:1-32

Konsa tou map di nou sa, gen kontantman nan mitan zanj Bondye yo pou moun ki tap viv nan peche epi ki tounen vin jwenn Bondye. Lik 15:10

Jezi te renmen sèvi ak parabòl pou anseye verite espirityèl. Yon parabòl se yon istwa. Li kapab yon istwa vrè oswa li kapab yon istwa ki baze sou sitiyasyon lavi reyèl. Nan Lik 15, nou jwenn 3 parabòl sou objè pèdi: yon mouton, yon pyès monnen ak yon pitit gason.

Tout moun pèdi yon bagay nan yon tan. Yon bagay ki pèdi se yon bagay ki pa nan plas li. Bib la anseye nou ke Jezi ..... te vini pou chache epi sove moun ki pèdi ..." (Lik 19:10) Se pou rezon sa Kris la te vini. Si yon moun pa konnen Kris la, li pèdi. Jezi vle nou swiv egzanp gadò mouton an ki chache mouton li a ki te pèdi bann li (v. 4-7), ak fanm lan ki chache pyès monnen li a ki te pèdi (v. 8-10), ak papa a ki te fè fèt pou pèdi pitit gason li a. Nou bezwen chache sila yo ki byen lwen Kris la. Bondye se Papa ki gen renmen nan kè li ki ap tann moun ki pèdi yo pou vin jwen li. (v. 12-32)

Egzamine tèt ou: Egzamine tèt ou: Ekri non 4 moun ki pèdi.

1.
2.
3.
4.
5.

Lapriyè: Bondye mwen, tanpri, ban m chans pou mwen bay moun sa yo temwayaj ou.

Lik 16:1-18

"Nenpòt moun ki kite ak madanm li e al marye ak yon lòt, li fè adiltè, moun ki marye ak yon fanm divòse fè adiltè tou." Lik 16:18

Bondye pa vle pitit li yo gide pa nòm ak koutim ke pifò moun aksepte epi nòm sa yo pa mache ak volonte Bondye. Nan jou Jezi yo, gason te gen dwa legal pou bay divòs ak madanm yo pou nenpòt rezon.

Jodi a, yo aksepte epi pratike divòs nan anpil peyi kòm yon fason ki senp pou mete fen nan inyon sakre maryaj la. Gen kèk moun ki marye, yo panse ke si relasyon an pa mache byen, gen yon solisyon fasil. Separasyon maryaj se eksperyans ki pi destriktif pou mari oswa madanm ak timoun yo.

Gen kèk moun ki vin disip Kris la apre yo te deja divòse e li te kòmanse yon nouvèl relasyon. Bondye pa kontinye blame nou pou desizyon mal ke nou fè pandan ke nou te soti byen lwen li. Bondye padonnen nou lè nou aksepte Kris kòm Sovè nou, mwen vle nou gen responsablite pou desizyon nou yo ak angajman nou yo depi koulye a.

Egzamine tèt ou: Eske mwen se moun ki kenbe pawòl mwen? Eske m fè sa mwen te pwomèt? Mwen kenbe angajman mwen an?

Lapriyè: Senyè, tanpri, ede m pou m yon moun serye, se konsa ke lòt moun kapab wè Kris la nan mwen.

Lik 16:19-30

"Nan dife, kote li te nan touman, li gade, li wè Abraram byen lwen, ak Laza bò kote li." Lik 16:23

Lanfè se non ke jwif yo bay nan plas kote moun ki te fè move bagay nan je Bondye yo ale apre yo fin mouri. Nou konnen lanfè se yon kote pinisyon p'ap janm fini. Gen kèk moun ki gen espwa lè yo mouri, yo pral gen yon opòtinite pou yo ale nan yon kote ki entèmedyè, yo rele pigatwa. Men, kwayans popilè sa a pa gen yon baz biblik.

Bib la sèlman bay de opsyon: syèl la oswa lanfè a. Syèl la se pou moun ki te swiv Kris la li ye. Lanfè se pou Satan, move lespri yo ak moun ki te rejte Kris la. Yo trè diferan. Nan syèl la, gen kè poze ki p'ap janm fini ak kè kontan nan prezans Bondye a. Nan lanfè gen touman ak tristès pou tout tan. Jezi mande ou, Ki kote ou vle pase letènite w? Repons a kesyon sa a pral di nou ki jan nou pral viv, depi koulye a.

Egzamine tèt ou: Eske m 'ap prepare pou mwen viv pou letènite avèk Bondye, oswa vire do bay Bondye?

Lapriyè: Mèsi paske ou se Senyè mwen, ou envite m viv etènèlman avèk ou. Tanpri, ede mwen toujou rete pi pre ou, jouk jou mwen va nan prezans ou pou tout tan.

Lik 17:1-37

"Si nan yon sèl jounen an li peche sèt fwa kont ou, si toulesèt fwa yo, li tounen vin jwenn ou pou li di ou: mwen pap fè sa ankò, se pou ou padone li." Lik 17:4

Si nou vle grandi nan Kris la, nou dwe disip li, nou dwe fè sa Jezi mande nou. Youn nan pratik sa yo ki pi difisil se padon. Se tankou yon pyès monnen doub. Jezi di: Men, si nou pa padonnen lòt moun yo, Papa nou ki nan syèl la p'ap padonnen peche nou yo (Mak 11:26).

Li pa sèlman vle di padonnen moun ki pa gen yon relasyon pwòch avèk nou, Se yon lòd, pou tout moun ki nan sitiyasyon kote yon bagay difisil pou padonnen. Lè zanmi nou yo ak moun nou renmen ki blese nou, li difisil pou nou padonnen yo. Pa gen okenn limit nan padon. Kle a se padone, padone, padone. Jezi sèvi ak nimewo sèt la pou fè konnen ke li ta dwe gen yon padon total. Lè nou pa padonnen, lavi nou vin plen ak tristès.

Egzamine tèt ou: Eske m gen yon bagay nan kè mwen kont yon lòt moun ki te ofanse mwen pa mo oswa aksyon?

Lapriyè: Senyè, tanpri, ede m ' padonne _____, epi netwaye lavi m de tout bagay ki fè mwen mal. Ede m toujou padonne moun ki fè m mal yo.

Lik 18:1-43

"Yon moun ki vle leve tèt li, yap desann li, yon moun ki desann tèt li, ap leve li." Lik 18:14

Imilite a ke yo bat bravo pou li nan pasaj sa a se pa pòvrete. Yon moun ka pòv e anmenm tan li fyè de tèt li. Imilite sa a se "modesti". Se atitid yon moun ki fè kèk bagay paske li renmen moun men non paske li bezwen yo aplodi li oswa rekonèt li. Li se yon moun ki ede lòt moun grandi, menm lè pyès moun pa wè sa ke li te fè a.

Ògeye/awogan pa apwòche bò kot Bondye ak atitid ki kòrèk la. Li di: Mwen pa bezwen okenn moun, mwen gen tout bagay. Ògeye a trete Bondye kòm si li pa bezwen li. Men Olye de sa, moun nan ki enb lan di: Bondye mwen, kouman mwen ka sèvi ou? Moun ki soumèt la, wè tèt li kòm yon esklav Bondye ak frè parèy li, sa se te atitid Jezi lè li te ofri nou pi gwo sèvis ke yon moun te ka ban nou, lè li te mouri sou kwa a nan plas nou.

Egzamine tèt ou: Èske se atitid priyè mwen, atitid imilite, jan Bondye espere li a?

Lapriyè: Mèt, tanpri, ban m yon kè enb, san ògèy ak konvwatiz. Ede m sèvi Ou pou m ka fè lwanj ou, olye pou mwen ap chèche onè pou tèt mwen.

Lik 19:1-48

"Zache, fè vit desann. Mwen dwe fè ladesant lakay ou a jodi a." Lik 19:5

Zache te yon nonm ki te okipe anpil nan biznis. Li te fè anpil lajan epi li te genyen kèk zanmi. Yon jou, Zache te gade epi jije bon pou li kite dèyè bagay li te konn fè chak jou yo pou te eseye wè nonm sa a ke tout moun t'ap pale de li a. Men, li pa t konnen si Jezi ta pral chanje lavi li. Jezi pa te vle pase yon ti moman ansanm avè li sèlman, men li te vle antre lakay li epi gen yon amitye avèk li. Se menm jan an,

Jezi vle fè yon zanmi ak nou, e Li vle nou prezante zanmi nou yo ak li. Lavi Zache te vin trè diferan depi jou li te aksepte Jezi kòm zanmi li an. Zanmi ke nou pi apresye dwe se moun ki konnen ki jan pou yo ban nou bon konsèy.

Zache te konprann ke li te aji mal nan biznis li a, konsa li te distribye bay pòv yo lajan ke li te fè nan magouy sou yo. Jezi vle gide nou, pou nou korije erè ki pase yo.

Egzamine tèt ou: Eske mwen pèmèt Jezi pou vini zanmi mwen? Eske mwen mete an pratik sa Jezi di mwen fè oswa pa fè?

Lapriyè: Senyè Jezi, mwen vle ou zanmi mwen, pou kapab viv nan lavi mwen. Tanpri ede m' chache direksyon ou anvan mwen pran desizyon.

Lik 20:1-47

"Lè sa a li di yo : bay Seza sa ki pou li, bay Bondye sa ki pou Bondye a." Lik 20:25

Lidè relijye yo te eseye mete moun veye Jezi pou yo jwenn yon motif pou touye li. Yo poze li kesyon ki gen move entansyon. Nan pasaj sa a, yo mande li eske yo te dwe dezobeyi anperè Women an nan refize peye taks.

Si Jezi reponn ke li pa te nesesè pou peye li, yo t'ap rapòte sa nan tribinal Women yo. Si Jezi reponn yo ke yo ta dwe peye taks, li t'ap vin manke popilè ak moun yo, paske Women yo se anvayisè ki te vòlè endepandans nasyonal yo. Kidonk, kisa ki dwe pou Seza e kisa ki dwe pou Bondye? Yo te konnen repons lan, men yo pa te vle mete l an pratik.

Pòl di nan Women 12:1 ofri kò nou tankou yon ofrann bèt k'ap viv ...Bondye vle nou sèvi l ak tout kè nou pou akonpli devwa nou kòm sitwayen.

Egzamine tèt ou: Eske mwen dwe kontrekare pyèj kèk moun ki pa aksepte lavi tou nèf mwen jwenn nan Kris nan moman sa?

Lapriyè: Senyè, souple ede mwen pou mwen ka gen bon konprann pou konnen kòman pou m' reponn moun kap pase mwen ak ou nan rizib yo.

Lik 21:1-38

"Kenbe fèm se konsa na sove la vi nou." Lik 21:19

Nan pasaj sa Jezi te pale de de evènman ki pral rive. Tout moun te konnen yo kòm yon pwofesi. Premye (v. 7-24), li avèti yo konsènan destriksyon vil Jerizalèm lan ki ta pral rive 50 lane apre lanmò li swa nan ane 70 apre Jezi Kri. Epi, Jezi te pale de evènman ki ta pral rive anvan dezyèm vini Li a (v. 25-38). Jezi rekòmande ke yo pran pasyans lè bagay sa yo rive.

Mark 13:13 di, men moun ki va kenbe fèm jouk sa kaba se li ki va sove. Pou pèsevere se pou yo rete fèm malgre sikonstans difisil yo ki vle nou bay legen. Pasyans ede nou pèsevere nan fidelite nou anvè Senyè a.

Pwoblèm yo se inevitab men yon tribilasyon se pi plis pase yon pwoblèm. Yon tribilasyon se yon peryòd kote yon lafliksyon tèlman gwo ke li menm enposib pou w reziste. Nan moman sa yo kèk moun blame Bondye epi yo vire do ba Li. Men se egzakteman nan moman sa a nou bezwen rete bò kot Bondye pi plis.

Egzamine tèt ou: Èske mwen fè fas a kèk pwoblèm ki ka deplase m ale nan men Jezi?

Lapriyè: Senyè, tanpri, ede mwen kite je m' sou ou men pa sou pwoblèm yo. Mwen toujou vle tou pre ak ou.

Lik 22:1-30

"Gode sa a se nouvo kontra nan san mwen ki koule pou ou." Lik 22:20

Yon kontra se yon angajman ant de pati. Kounye a, jodi a, nou itilize mo kontra men se pa kontra pou yo achte pwopriyete, fè travay, elatriye Men, Jezi pale de yon lòt kontra, yon kontra diferan. Youn nan pati yo se Bondye Kreyatè linivè a. Lòt pati a se nou. Bondye te bay san li pou siyen kontra sa a. Atravè Kris la, Bondye rele tout limanite nan yon kontra oswa alyans avèk li. Bondye te fè pati ki difisil la. Pati nou an nan kontra / alyans la se aksepte delivrans gratis la. Se jis kwè nan Bondye. Gade yon gabèl!

Lè nou selebre kominyon sakre a, nou sonje moman sa ke Kris la angaje Li nan kontra sa a - lè san li te koule pou bay Sali a. Nan moman espesyal sa a, nou sonje ke nou se pèp Bondye a. Atravè alyans sa a nou delivre anba peche ak lanmò ki p'ap janm fini an. Li se yon kontra ki ba nou lavi, kè kontan ak espwa. Bagay ki bèl nan koze a sè ke pati pa nou an akonpli pa Kris la sou kwa a.

Egzamine tèt ou: Èske mwen jwi benefis yo nan kontra ke mwen te fè ak Bondye a?

Lapriyè: Mèsi, Bondye mwen, pou tout sa ou te fè pou mwen. Mèsi poutèt ou pran plas mwen sou kwa a.

Lik 22:31-71

"Simon, Simon, Satan mande pou vannen nou tout tankou ble. Men, mwen lapriyè pou ou Simon, pou konfyans ou nan Bondye pa febli. Men, lè ou tounen, fòtifye frè ou yo." Lik 22 : 31-32

Ki kote tès yo soti ki mete an danje fidelite kretyen an? Gen kèk nan yo ki soti nan sikonstans yo ki antoure nou. Gen lòt ki soti nan dyab la.

Bòn nouvèl la sè ke dyab la pa gen pouvwa sou lavi kretyen an. Sepandan, nan okazyon tankou nan pasaj sa a, Bondye pèmèt Satan li menm teste nou.

Jezikri te pran tès la tou. Li te teste antanke yon nonm e li te kenbe obeyisans li a papa li jouk li mouri, epi atravè abeyisans li Bondye te moutre pwofondè lanmou li pou limanite. Se poutèt sa, nou pa ta dwe pè tès yo. Konfyans nan Bondye ak nan pwomès li ede nou pase tès sa yo. Tès yo ranfòse nou nan lafwa. Bondye ka sèvi ak nou pi byen lè lavi nou nan li pi fèm e pi fò atravè tès yo. Simon Pyè, apre li fin pase tès la, te kapab bay ankourajman ak frè li yo nan Kris la ki t'ap pase moman tès yo. (1 Pyè 4:12, 13).

Egzamine tèt ou: Kouman mwen ka fè yon bagay ki itil ki soti nan tès sa yo ki pral ede kwasans espirityèl mwen?

Lapriyè: Senyè, tanpri fòtifye lafwa mwen pou m pa febli nan mitan tès yo.

Lik 23:1-56 `Jou 30`

"Papa, padonnen yo, paske yo pa konnen ki sa yap fè a." Lik 23:34

Foul moun ki te fache kont Jezi yo te konnen li pat yon kriminèl, men yo inyore ke li se te Pitit Bondye a. Yo tout pete rele san yo pa reflechi nan ki enjistis ke yo t'ap patisipe. Ki jan atitid Jezi te diferan !

Ki jan mwen t'ap reyaji nan moman terib yo nan lavi mwen? Kouman pou mwen ta reyaji devan moun ki frape mwen yo? Kouman pou mwen ta reyaji lè mwen ta santi ke mwen pèdi batay la? Jezi te reyaji nan bay renmen ak padon. Menm nan sitiyasyon ki pi difisil, Jezi pa janm sispann renmen. Li (lanmou) toujou pwoteje, toujou kwè, toujou espere, toujou pèsevere. Renmen pa janm echwe ... (1 korentyen 13: 7-8).

Petèt Pa gen youn nan nou kap fè fas a yon foul moun firye, men wi, nou fè fas a sitiyasyon ak moun kote ke nou ka pèdi kontwòl. Se nan moman sa yo lè nou ka wè ki jan kè nou plen ak lanmou Bondye a.

Egzamine tèt ou: Èske gen sitiyasyon oswa moun ki te fèm firye nan semèn sa a? Èske yo te ka wè lanmou Bondye nan mwen lè mwen t'ap travèse sitiyasyon sila a?

Lapriyè: Senyè, tanpri, ban mwen pi plis renmen pou ou, se konsa ke moun va wè l'nan mwen menm nan moman pi difisil yo.

Lik 24 :1-53 `Jou 31`

"Poukisa n'ap chache moun vivan an nan mitan mò yo?" Lik 24: 5

Men, si Kris la pat leve soti vivan, predikasyon nou yo tap initil epi la fwa nou pa t'ap vo anyen tou. (1 Korentyen 15:14). Si Kris la pa t 'viv ankò, lè sa a li t'ap yon tan pèdi pou nou sèvi Li osinon kwè nan Li osinon pale de Li ak lòt moun yo. Lè Kris la te resisite, li te valide Krisyanis la « ... te wen Pitit Bondye a nan pouvwa ..." (Ròm 1: 4).

Jezi te resisite nan kò ak lespri, epi menm jan an tou tout pitit Bondye yo ap resisite. Rezirèksyon li garanti nou ke nou menm tou nou ap resisite avè l '. (Jan 6:40).

Nan plizyè okazyon, Jezi te ak disip li yo, apre sa a, li te monte nan syèl la. Apre sa, disip Jezi yo dedye tèt yo pou di tout moun sa yo te wè. Se konsa mesaj la te rive jwenn nou. Gras a efò ke gason ak fanm yo ki te pase Pawòl la de pitit an pitit, nou te vin jwenn Jezi epi benefisye padon Li.

Gen anpil lòt moun ki bezwen tande pale sou Jezi.

Egzamine tèt ou: Èske mwen kwè ak tout kè m ke Kris la te resisite, ke Li vivan jodi a, epi li prezan nan lavi mwen?

Lapriyè: Mèsi Bondye pou tout sa ou fè pou mwen pandan m tap etidye liv Lik la.

KÒMAN POU LI BIB LA
chak jou e aprann nan li

Mónica E. Mastronardi

Pou kisa li enpòtan konsa pou li Bib la?

"Tou sa ki ekri nan Liv la, se nan Lespri Bondye a yo soti. Y'ap sèvi pou moutre moun verite a, pou konbat moun ki nan lerè, pou korije moun k'ap fè fòt, pou moutre yo ki jan pou yo viv byen devan Bondye" (2 Timote3 :16).

Pou anpil milyon Kretyen Bib la se liv ki pi enpòtan nan mond lan. Pou kisa li espesyal konsa ? Men kèk rezon.

1. Esplike orijin tout bagay sa yo e nan ki objektif yo egziste.
2. Montre moun chemen an (Jezi) kap mennenl al rankontre Bondye.
3. Li transfòme la vi anpil milyon moun.
4. Angouman konsènan evennman istorik yo rakonte ke se verite a travè dekouvèt akeyolojik yo. Pwomès ak pwofesi sa yo te reyalize nan istwa ak nan la vi pitit Bondye yo.
5. Jezi te kwè nan pawòl la, li te etidye l, li te viv pou l te akonpli l, li te obeyi nan tout bagay e li te anseye l.
6. Pa mwayen pawòl la Bondye pale ak moun kap li nan fason pèsonèl li.
7. Li fè lespri lakay kretyen an grandi a travè pawòl la.
8. Li montre chemen an pou ou kapab mennen yon vi ki dwat.
9. Konsole nan moman doulè.
10. Li mete yon gid ki pou pran desizyon.
11. Montre kòman lanmou Bondye a gran pou l te kreye lòm.

Tout sa yo ak anpil lòt ankò se Bib la pou moun.

Yon bagay ki vrè e ki parèt difisil pou yon moun montre valè ke Bib la genyen nan Sòm 119. Sa se chapit ki pi long nan Bib la : vèsè yo ! Pi gran objektif li se montre yon gran trezò ke nou jwenn nan pawòl Bondye a pou limanite.

Liv yo ki nan Bib la nan fason yo divize.

Bib la se yon koleksyon konplè ki gen anpil liv, yon bibliyotèk. Konsa li montre non li, ki soti nan lang grèk la, sa vle di : « ti liv ».

Li genyen 66 liv ki te ekri tankou liv ki separe, answit yo mete ansyen Testaman an (ki genyen 39 liv ki ekri anvan Jezi Kri) ak Nouvo Testaman an (ki genyen 27 liv ki ekri aprè Jezi Kri).

Pami 40 otè ki mansyone nan Bib la, nou jwenn Wa yo, Pwofèt yo, Bèje mouton yo (Pastè ak fidèl yo), Atizan yo, Pechè yo, solda yo, powèt yo, doktè yo, ak anpil lòt gason fidèl, ke Bondye te mete Lespri I nan yo e li te dirije yo. Pami anpil ladan yo gen plis pase mil san tan. Sepandan, nan rapò ak inite nan mitan otè yo, kèk ladan yo nan majorite a pat rive rekonèt youn lòt, e sa se estraòdinè.

Pa genyen ankenn lòt liv ki sanble ak Bib la, paske liv sa a se Bondye menm ki enspire nan otè yo, e se sèl liv ki kapab satisfè totalman tout nesesite ke yon moun genyen.

Liv yo nan Bib la te divize an plizyè chapit an menm tan an plizyè vèsè, poul te ka pi fasil pou moun li I ak anpil lòt pati nan Bib la. Pa egzanp lè yo montrew Matye 8 :23, sa vle di wap jwenn lekti a nan liv Matye ; chapit 8 ; vèsè 23.

(gade ilistrasyon nan pag anba a).

Lè yo site chapit soti nan pi gran pou ale nan pi piti pou yon vèsè nan Bib la yo itilize senbòl ponktiyasyon ki pou montrew ki bò pou ou ale. Nou li senbòl sa yo selon enfòmasyon ke nou jwenn nan.

Yo itilize konsiy sa yo ki parèt nan tab matyè liv yo nan Ansyen Testaman an, ki nan premye paj nan Bib yo. Pou nou kòmanse se avèk anpil swen pou ou gade tab matyè a pou ou mete nimewo paj kew jwenn nan liv la kote kew bezwen ale a.

Tab pou ou fè lekti ak referans ki nan Bib la:

Referans	Liv	Chapit	Vèsè
Mat. 5:3-6	Matye	5	3 - 6
Mak. 7:3, 5	Mak	7	3 e 5
Jn. 4:3s	Jan	4	3 e plis
Lk. 5:9ss	Lik	5	9 e plis
Jn. 32:30-33:9	Jenèz		32:30 - 33:9

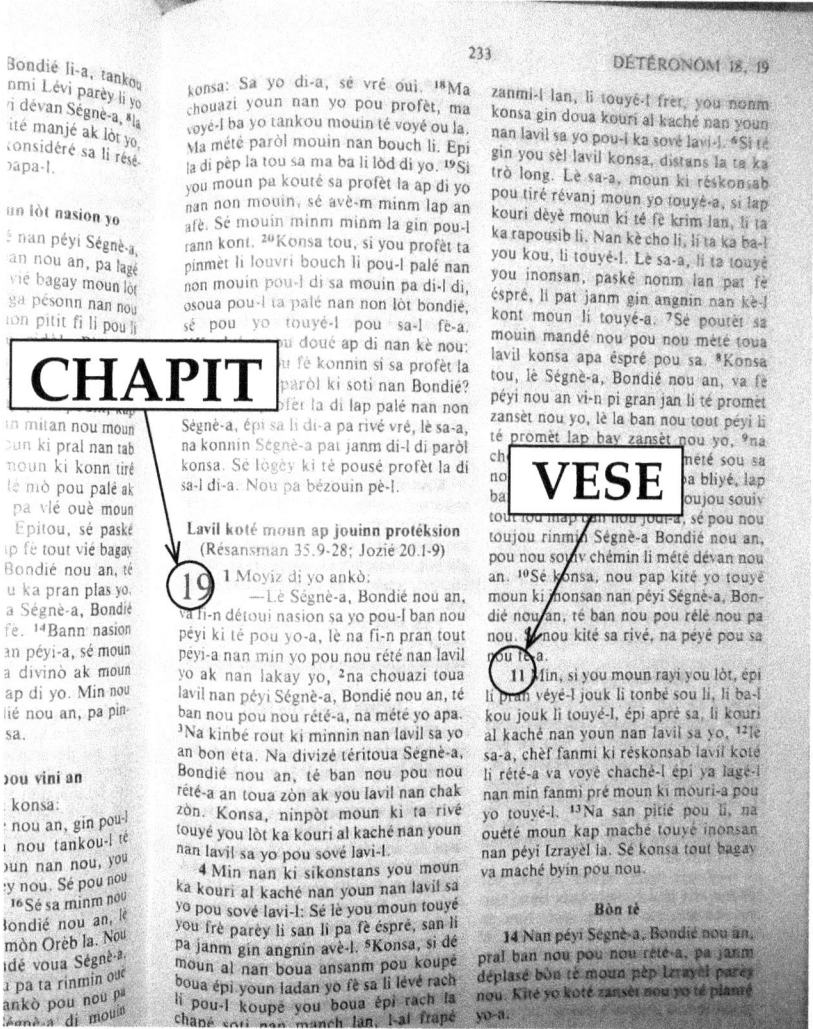

CHAPIT

VESE

233

DÉTÉRONÒM 18, 19

Bondié li-a, tankou nmi Lévi parèy li yo n dévan Sègnè-a, la ité manjé ak lòt yo, considéré sa li résé-papa-l.

un lòt nasion yo

nan péyi Sègnè-a, an nou an, pa lagé vié bagay moun lòt ga pésonn nan nou ton pitit fi li pou li

in mitan nou moun un ki pral nan tab moun ki konn tiré lè mò pou palé ak pa vlé ouè moun Epitou, sé paské ip fè tout vié bagay Bondié nou an, té u ka pran plas yo. a Sègnè-a, Bondié fe. Bann nasion an péyi-a, sé moun a divinò ak moun ap di yo. Min nou lié nou an, pa pin-sa.

ou vini an

konsa: nou an, gin pou-l nou tankou-l té un nan nou, you nou. Sé pou nou Sé sa minm nou Bondié nou an, lè mòn Orèb la. Nou idé voua Sègnè-a, pa ta rinmin oue ankò pou nou pa Sègnè-a di moun

konsa: Sa yo di-a, sé vré oui. Ma chouazi youn nan yo pou profèt, ma voyé-l ba yo tankou mouin té voyé ou la. Ma mété paròl mouin nan bouch li. Epi la di pèp la tou sa ma ba li lòd di yo. Si you moun pa kouté sa profèt la ap di yo nan non mouin, sé avè-m minm lap an afè. Sé mouin minm minm la gin pou-l rann kont. Konsa tou, si you profèt ta pinmèt li louvri bouch li pou-l palé nan non mouin pou-l di sa mouin pa di-l di, osoua pou-l ta palé nan non lòt bondié, sé pou yo touyé-l pou sa-l fè-a. u doué ap di nan kè nou: u fè konnin si sa profèt la paròl ki soti nan Bondié? fèt la di lap palé nan non Sègnè-a, épi sa li di-a pa rivé vré, lè sa-a, na konnin Sègnè-a pat janm di-l di paròl konsa. Sé lògèy ki té pousé profèt la di sa-l di-a. Nou pa bézouin pè-l.

Lavil koté moun ap jouinn protéksion
(Résansman 35.9-28; Jozié 20.1-9)

19 1 Moyiz di yo ankò:
—Lè Sègnè-a, Bondié nou an, va li-n détoui nasion sa yo pou-l ban nou péyi ki té pou yo-a, lè na fi-n pran tout péyi-a nan min yo pou nou rété nan lavil yo ak nan lakay yo, 2na chouazi toua lavil nan péyi Sègnè-a, Bondié nou an, té ban nou pou nou rété-a, na mété yo apa. 3Na kinbé rout ki minnin nan lavil sa yo an bon éta. Na divizé téritoua Sègnè-a, Bondié nou an, té ban nou pou nou rété-a an toua zòn ak you lavil nan chak zòn. Konsa, ninpòt moun ki ta rivé touyé you lòt ka kouri al kaché nan youn nan lavil sa yo pou sové lavi-l.

4 Min nan ki sikonstans you moun ka kouri al kaché nan youn nan lavil sa yo pou sové lavi-l: Sé lè you moun touyé you frè parèy li san li pa fè éspré, san li pa janm gin angnin avè-l. 5Konsa, si dé moun al nan boua ansanm pou koupé boua épi youn ladan yo fè sa li lévé rach li pou-l koupé you boua épi rach la chapé soti nan manch lan, l-al frapé

zanmi-l lan, li touyé-l frèt, you nonm konsa gin doua kouri al kaché nan youn nan lavil sa yo pou-l ka sové lavi-l. 6Si té gin you sèl lavil konsa, distans la ta ka trò long. Lè sa-a, moun ki rèskonsab pou tiré révanj moun yo touyé-a, si lap kouri dèyè moun ki té fè krim lan, li ta ka rapousib li. Nan kè cho li, li ta ka ba-l you kou, li touyé-l. Lè sa-a, li ta touyé you inonsan, paské nonm lan pat fè éspré, li pat janm gin angnin nan kè-l kont moun li touyé-a. 7Sé poutèt sa mouin mandé nou pou nou mété toua lavil konsa apa éspré pou sa. 8Konsa tou, lè Sègnè-a, Bondié nou an, va fè péyi nou an vi-n pi gran jan li té promèt zansèt nou yo, lè la ban nou tout péyi li té promèt lap bay zansèt nou yo, 9na ch mété sou sa no a bliyé, lap ba oujou souiv tou ou ap nou joua, sé pou nou toujou rinmin Sègnè-a Bondié nou an, pou nou souiv chémin li mété dévan nou an. 10Sé konsa, nou pap kité yo touyé moun ki inonsan nan péyi Sègnè-a, Bon-dié nou an, té ban nou pou rélé nou pa nou. nou kité sa rivé, na péyé pou sa ou fè-a.

11 Min, si you moun rayi you lòt, épi li an véyé-l jouk li tonbé sou li, li ba-l kou jouk li touyé-l, épi aprè sa, li kouri al kaché nan youn nan lavil sa yo, 12Ie sa-a, chèf fanmi ki rèskonsab lavil koté li rété-a va voyé chaché-l épi ya lagé-l nan min fanmi pré moun ki mouri-a pou yo touyé-l. 13Na san pitié pou li, na ouété moun kap mache touyé inonsan nan péyi Izrayèl la. Sé konsa tout bagay va maché byin pou nou.

Bòn té

14 Nan péyi Sègnè-a, Bondié nou an, pral ban nou pou nou rété-a, pa janm déplasé bòn té moun pèp Izrayèl parèy nou. Kité yo koté zansèt nou yo té plantè yo-a.

Bib la te ekri selon volonte ak kòmandman Bondye yo.

Premye liv yo ki nan Bib la te ekri selon lòd ke Bondye te bay Moyiz. Nan Detewonòm 6 :6-9 montre ke Bondye te mande pèp li a pou li bay pa tout mwayen posib Jan Bib la di I la a, Pawòl li te resevwa a.

Moyiz te rasanble answit tout istwa pase konsènan Pèp (Izrayèl la) nan liv Jenèz la.

Kòman Moyiz te fè konn dat yo dirèk konsa ? Dekouvèt akeyolojik yo montre (moun ki etidye dat yo) depi nan tan Abraram (2000 an anvan Jezikri) te genyen lekòl pou moun aprann li ak ekri. E menm anvan Abraam, yo rakonte ke istwa a te konn bay nan bouch menm jan lè yon papa ap pale ak pitit li. Dekouvèt akeyolojik yo montre tou ke Ebre yo te konn pawòl la depi nan tan lontan. Liv Ebre a montre sa tou nan Ebre 9 :19 Izrayelit yo depi lontan te genyen liv ke yo te ekri tout bagay ki te pase yo (gade nan Detewonòm 27 :2-8 e Jozye 8 :30-32). Nan tan pase sa yo, pawòl la ak lòt materyèl ke yo te konn itilize, te diferan pa rapò ak sa ke yap itilize jounen jodi a. Vèb Ebre ki tradwi ekri siyifi : « plonje oubyen koule » ki pale de fason pou fè yon mak ak yon pens nan yon tablèt ki fèt ak ajil (senbòl sa yo pral bay pita orijin ak lèt alfabè a). Senbòl sa yo te gwoupe ansanm nan sisan (600) fòm diferan, yo chak nan fason pa yo. Ansuit, tablèt ajil la vin chèch e li vin di tankou wòch, e materyèl ekriti sa a vin presye nan fason moun pa tap janm panse.

Se te nan twa lang orijinal ke Bib la te ekri :

a. Ebre : Prèske tout 39 liv nan Ansyen Testaman an. Lang sa a Izrayelit yo te aprann li pandan yo tap antre an kontak ak lòt pèp Kananeyen yo. Nan moman ke Jezi te la, tout pawòl nan Ansyen Testaman yo te tradwi an Grèk.

b. Arameyen : lang yo te aprann an egzil nan babilòn. Yo te ekri I nan kèk chapit nan liv Danyèl ak nan liv Esdras la. Lòt liv nan Ansyen Testaman yo te ekri nan lespas plis ke de mil an (2000 an). Rasanblaj sa a te sou kont Esdras pou l te fè l (457 avan J.C), e poul te travay pou menm Simon sa a (nonm jis la) te ka vin prèt (300 avan J.C). Lang Arameye an te vin chanje nan yon lang popilè e se te li menm ke Jezi te pale. Matye te ekri liv li a an Arameyen, menmlè aprè li te vin tradwi l an Grèk.

c. Grèk : Se te yon lang ke tout moun te pale ke yo te konn itilize nan tout Anpi Women yo. E se nan lang sa a ke lòt liv nan Nouvo Testaman yo te ekri.

Konsa tou, lòt otè nan Nouvo Testaman yo te resevwa lòd nan men Bondye pou yo te ekri lòt bagay ke yo te temwen (lòt bagay ke yo te wè). Youn nan egzanp ke yo te jwenn nan Apokalips 1 :19. « Ekri saw te wè : sa ki genyen kounye a ak sa ki genyen pou pase aprè ».

Yon ti gwoup moun espesyalize li Bib la nan jou sa yo nan lang orijinal. Gras a Dye, Bib la te tradwi nan yon santènn lang.

Tradiksyon sa yo nan tèks biblik la, yo rele yo : « vèsyon Biblik ».Tèks ki plis fè aktyalite an Espanyòl yo se vèsyon Reina Valera (RVR), vèsyon : Dios Habla Hoy (DHH), vèsyon entènasyonal ak Bib pou Amerik la.

Èske yon liv ki ansyen konsa kapab yon bon Gid pou Kretyen nan venteyinyèm syèk sa a (21es)?

"Nou genyen tou pawòl pwofet yo te anonse a, ki fè chimen l', tankou yon tòch oubyen yon flanbo kap klere nan plas kote ki fè nwa a, depi douvanjou pou rive nan maten, kote solèy la ap klere, soti nan kè yo ; .... Paske se pat janm volonte lòm ki fè yo te pote pwofesi a, men se Sentespri a ki te pale nan kè moun ki apa pou Bondye yo," (2 Pyè 1 :19, 21)

Apot Pyè di : ke tout gason ak fanm kapab rankontre yon gid ki pi an sekirite a travè pawòl Bondye a nan la vi yo. Ansuit, li konpare pawòl Bondye a tankou yon lanp kap klere chemen nou, menm lè ke nou nan mitan fè nwa. Li genyen misyon sa jiskaske jou a rive epi "gran zetwal douvanjou a parèt" sa fè referans ak jou delivrans lan ke Jezikri gen pou li vini yon lòt fwa pou li pran moun pa li yo. Konsa tou, Apot Pyè konseye Kretyen yo pou yo rete fèm e swiv sa Bib la mande pou yo fè.

Yo konpare pawòl Bondye a tankou yon filtè oubyen paswa, pa mwayen sa a, wap kapab ritire tout vye enfòmasyon ki soti nan mond lan. Lèw konnen pawòl Bondye a, wap kapab evalye pi byen chak bagay pou ou kapab rive pran pi bon desizyon selon volonte Bondye pou lavi pitit li yo

Lòt moun yo konpare pawòl Bondye a tankou yon « linèt », kap pèmèt yo dekouvri riz satan yo pou yo kapab jwenn pi bon chemen verite a. Epi tou, gen lòt ki konparel ak yon bousòl. Lòt moun yo konparel ak yon fa, kap klere sou lanmè tenèb nan mond sa a, epi kap kapab gide bato lavi nou jiskaske nou rive kote ki an sekirite ki bay lavi ki pap janm fini an.

Yo rakonte yon kapitèn tout bon ki tap dirije yon bato sou lanmè, byen ta nan aswè kote l te fè nwa anpil. Tousuit, yon siyal montre yon limyè nan zòn orizon. Kapitèn nan te bay direksyon konsènan orijin limyè a, imajine ke limyè sa a ta sòti nan yon bato ki la pou fè moun pran yon lòt direksyon, sanzatann li frape ak yon lòt paske yo pat nan bon wout la.

Li bon nan direksyon wap vwayaje a. Lèw jwenn mesaj sa a, ki sòti dirèk nan siyal la, ou pa bezwen sezi, o kontrè, bato sa a ta dwe chanje direksyon. Men, bato a te gentan rive twò pre limyè a, li te vin enposib pou l ta pran desizyon rapid pou l pat frape. Kapitèn nan pran sa an chaj, li fè yon aksyon rapid ki pèmèt li retire kòl nan wout la pou l echape danje a.

Se te yon sipriz lè nou te jwenn repons pou limyè a. « Li pa enpòtan pou kantite siy ke kapitèn nan genyen, yo ta dwe deplase paske limyè ke moun yo wè a, se limyè yon fa ».

Se menm jan, ke fa sa a, pawòl Bondye se yon bon gid ki djanm pou nou Lòm. Sa patap kapab chanje selon repons pou chak moun. Pawòl Bondye a pa ni chanje, ni jistifye yon konduit pou kondane moun. Sa se pawòl ki chanje lòm, pou yo kapab viv byen ak kòmandman Bondye yo.

Kòman wap kapab gen garanti ke Bib la se pawòl Bondye ?

Nan 2 Pyè 1 :21, Apot Pyè di : Pa gen ankenn pwofèt nan Bib la ki responsab pwofesi a. Pawòl Bondye a pat anonse paske se volonte pa nou men se paske sa te gen tan anonse. Ki lès ki ajite oubyen manifeste nan pwofèt yo, se pa Sentespri a, « maifestasyon sa a, li rele enspirasyon ».

Nan atik IV nan la fwa a, Legliz Nazareyen deklare : « nou kwè nan enspirasyon sakre pawòl Bondye a, se poutèt sa nou konprann 66 liv nan Ansyen ak Nouvo Testaman an, li te fèt pa mwayen enspirasyon diven, ki san feblès daprè volonte Bondye, pou n te ka rive jwenn sali a nan mannyè pou ankenn bagay ke yo pa ta genyen pa ta ranplase atik la fwa».

Se pa tout moun ki konprann enspirasyon an menm jan. Anpil lòt moun kwè gen pati nan Bib la ki pi enspire ke yon lòt.

Men montre ke Bondye se otè Bib la se yon lòt bagay. Bib la pa gen enfòmasyon sou efò yon moun fè poul konnen Bondye menm jan ak lòt relijyon yo ; Sa se revelasyon ke Bondye fè limenm pou mond lan, pa mwayen enstwiman nou genyen yo. Sergio Franco esplike entansyon Bondye nan Bib la avèk pawòl sa yo : « Bondye pa egziste, li pa vle egziste, yon moun nou pa ka wè oubyen yon moun nou pa konnen. pa rapò ak sa Dr. W.T. Purkiser montre nou ». « La fwa se repons Lòm a revelasyon Bondye ».

Travay Sentespri a, li gide pawòl Bondye a ak plis pisans. Lespri a ba nou kapasite pou nou konprann volonte Bondye ak kapasite pou nou pale ak pwòp mo pa nou ak moun kap viv nan tan nou an.

Ki enpòtans pawòl Bondye a te genyen pou Jezi ?

Nan Matye 5 :17, Jezi deklare objektif vini li: « Pa panse ke mwen te vini pou mwen aboli, men pou m akonpli ». Ki sa Jezi te vini pou l te akonpli ? Vèb Jezi te anplwaye a, yo te konn itilize l nan tan sa a pou yo bay siyal tankou kraze yon kay oubyen elimine yon boutik (yon tant).

Jezi esplike sa byen klè ke li pat vini pou l te ni mete fen oubyen elimine mesaj ke Bondye te bay sèvitè li yo pou yo pataje ak pèp la, depi nan tan Moyiz ; yon lòt bò, li deklare ke l te vini pou l te akonpli. Akonpli siyifi nan lang orijinal la, « ranpli soti nan tèt pou rive nan pye », oubyen Jezi te la pou l te:

a. Konplete travay ke papa l te mande l pou l fè, se konsa sèvite yo tap pwofetize pawòl la pa mwayen bouch yo.

b. Reyalize pwomès ke Bondye te fè moun yo, lè l te voye yon sovè.

c. Ranpli nan bon kondisyon ti mouton ki sen an, li menm sèl ki te kapab peye pri Sali a pou nou.

d. Mete lwa a an aplikasyon : Jezi pat sèlman akonpli lwa seremonyèl la, konsa tou te genyen kèk lòt prensip ki tap pouse yo fè tout sa ki byen anvè jwif yo, men li te konsève tou lwa moral la ki te fèt ak bon egzanp pa nou.

Nan plizyè fason, Jezi te di : tout sa ki te fèt la, se te pou pawòl Bondye a te ka reyalize. Nan menm fason sa a, Jezi te soumèt li anba pawòl la pou moun nan Ansyen Testaman an.

Disip yo pat konprann soufrans ke Jezi te pran pou yo, Pou ki sa yo pat ka konprann sa pwofèt yo tap anonse yo a (gade nan Lik 24 : 25, 27, 44).

Li pwobab ke mank bon konprann nan fè ke yo pat ka etidye pawòl Bondye a byen, konpare l ak kèk bagay ke nou te fè e nou te viv yo.

Si Jezi pat soumèt pwòp tèt li pou l te akonpli sa ki te ekri nan Ansyen Testaman an konsènan limenm, yo pa tap tande l e pawòl Bondye a tap san valè.

Gras ak enkanasyon an Kris te montre enpòtans pou mennen yon vi ki dwat ak pawòl Bondye a, bagay moun kap viv nan tan sa a te neglije. Menm jan ak Jezi, Kretyen yo dwe gen respè e yo dwe soumèt yo anba pawòl Bondye a.

Nan Matye 5 :19 « Jezi montre ke li enpòtan nan sans ke nenpòt moun ki rejte youn nan pi piti kòmandman li yo e si li konseye lòt moun fè menm jan avèl, lap konsidere l kòm moun ki pi piti nan wayòm syèl la. Konsa tou, nenpòt lòt moun ki obsève kòmandman Bondye yo epi ki konseye lòt moun fè menm jan avèl, lap konsidere l kòm moun ki pi gran nan syèl la ».

Jezi te konprann enpòtans fondamantal pou kenbe kòmandman yo nan pawòl la, mennen yon vi ki dwat ak ansèyman yo. Jezi te aplike pawòl la nan tout domèn nan la vi pèsonèl li, kòman nou wè sa nan lòt egzanp sa yo ki genyen nan Bib la :

a. Nan moman eprèv ak tantasyon : Matye 4 :1-11.

b. Nan moman priyè yo : nan priyè Jan 17: 8 la Jezi te santi l satisfè pou l te akonpli responsablite l pou l te viv pawòl la epi pataje l ak lòt moun.

c. Nan fòmasyon disip yo: Lik 24: 27-32.

d. Nan preche ak fè evanjelizasyon : Jan 3:14-15 ak Matye 11: 7-11.

e. Pou chase fos doktrin. Matye 22: 23-33.

Kòman pou li Bib la nan twa ▄▄▄▄ fason ki pi senp.

Lè Senyè a te sove l, li fè l vin yon lòt moun pou I kapab grandi epi mennen yon lòt vi nan Bondye. Pèsonn pa kab kwè tou natirèlman konsa. Yo pran swen tout ti bebe ki sen e yo grandi natirèlman. Konsa tou, pawòl la se yon vitamin li ye pou Kretyen yo chak jou. Men twa fason ki pi senp kap ede nou li Bib la chak jou :

1e fason an : Prepare w pou yon moman espesyal ak Bondye !

Apòt pòl egzòte Timote pou I pran responsablite l nan etid pawòl Bondye a (2Timote 3 : 14-17).

Pawòl Bondye a pa ta dwe li menm jan ak yon journal oubyen yon lòt liv ki sèvi pou moun li. Rapwochman sa a, se pou ou kapab respekte l' e atire lòt moun. Chak fwa ou louvri yon paj nan Bib la se yon kanal kominikasyon ke nou kòmanse ak Bondye. Nou pa dwe trete Bib la menm jan ak nenpòt lòt liv pou n bay moun enfòmasyon. Men tankou yon pawòl vivan, epi ki toujou genyen bon bagay, bagay ki fre ak bagay ki tou nèf pou nou.

Li Bib nou se yon vitamin li ye pou Kretyen yo : « Lòm pa viv ak pen sèlman men ak tout pawòl ki sòti nan bouch Bondye ».(Matye 4 :4) pou pawòl la te ka fè efè pa mwayen lekti a, li ta dwe antre nan Lespri nou anvan.

Li pawòl Bondye ta dwe yon devwa ki pi enpòtan nan jou a pou yon Kretyen. Tan ke nou konsakre pou pawòl Bondye a ta dwe yon moman espesyal pou Lespri w kapab konsantre sou li san presipitasyon. Plas nou chwazi pou sa a ta dwe gen lapè e li ta dwe pwòp.

Ki yès ki mare kè nou ansanm ak pawòl Bondye a, se Sentespri a. Se poutèt sa anvan nou kòmanse li Bib nou, nou ta dwe priye e mande Sentespri a pou li gide nou nan verite a.

2e fason : Goute pawòl la !

Li pawòl Bondye a pa yon vitamin pou Kretyen ki pa reflechi sou pawòl la. Anpil lòt moun ka esplike ki sa yo di sou kèk paj nan Bib la, menm jan yo ka fè rezime yon liv istwa ke yo te li. Men « manje ak goute » se de bagay diferan.

Pou ou kapab li pi byen ou bezwen konprann pawòl sa yo, ou bezwen genyen yon diksyonè nan menw pou ou itilize l. Pafwa nou li e nou reli yon pasaj plizyè fwa pou nou kapab konprann li. Li yon tèks nan plizyè vèsyon diferan sa kapab elaji sans lan.

Nan kèk okazyon lap pi bon pou ou gade yon kòmantè biblik oubyen yon diksyonè biblik. Konsa tou, wap kapab poze kesyon ak yon kretyen ki gen plis matirite sou pasaj sa yo ki bay kèk ti pwoblèm.

Nou pa konnen siw konn anvi li gwo chapit ki long yo nan yon tèks, si se pa yon lòd yo pasew pou ou etidye chapit yo chak jou nan yon sèl liv depi nan kòmansman pou rive kote l fini an, nan sans pou ou kapab genyen pi bon konprann, nan fason kew li rès liv la.

Nan okazyon sa yo wap kapab kenbe yon sèl vèsè, lèw gen yon atirans espesyal pou ou.

Siw pral kòmanse li Bib ou li tap pi bon pou ta kòmanse nan Levanjil Lik la, Mak oubyen Matye. Ansuit wap kapab kontinye ak liv Travay Apot yo ak lòt liv nan Nouvo Testaman an.

Pawòl Bondye a se yon sous ki fòme moun.

Li pa sèlman montre verite a, men tou li konvenk nou nan erè e verite a pa janm an kontradiksyon ak lòt pasaj nan Bib la. Lèw ap medite yon tèks nan Bib la, ou aprann gran sajès li genyen epi ou grandi nan konesans pawòl Bondye a. Men, nap bezwen yon lòt pati ankò pou pawòl la kapab pi efikas.

3e fason an: Pratike pawòl la!

Jezi te akize Farizyen yo dèske yo tap li la lwa a san mete l an aplikasyon nou wè sa nan la vi yo nan Matye 19 : 3-6.

Pawòl Bondye a pa sèvi sèlman pou montre sa ki byen ak sa ki mal devan je Bondye. Pawòl Bondye a tou dwe fè yon chanjman nan lavi moun kap li a. Pawòl la transfòme nan la chè lakay yon Kretyen pa mwayen Sentespri a. Pawòl la se tankou yon epe ki file de bò ki antre pi fon ke kè yon moun, la a kote wap jwenn pi gwo motivasyon lakay yon moun. Bib la se tankou yon ti kout je Bondye fè ki ale pi lwen ke kè yon moun ke wap kapab wè lakay yon gason oubyen yon fi, kòmsi yo te fèt an kristal.

Pawòl Bondye a ankouraje nou chanje, se pa sèlman pou nou konprann. Li pirifye nanm nou pa mwayen obeyisans (1 Pyè 1 : 22-23 ; Jan 17 :17). Se poutèt sa nenpòt moun ki pa li pawòl la tousuit ap rete kokobe nan lavi espirityèl li. Se pa sèlman nan konesans li lap fè bak, men tou nan pwogrè nan la vi kretyèn li.

Li rekòmande pou ou toujou genyen yon kaye pou pran nòt de sa pawòl la anseye w chak jou, kòman ke w mete l an pratik e ki rezilta ou jwenn. Konsa tou wap kapab note mo, fraz oubyen kesyon ke w bezwen yon repons sou li. Sa ap itil anpil pou ou aplike pawòl Bondye a nan la vi w.

Lis pou ou tcheke lè ou li ▬▬▬ Bib ou chak jou

1. Konbyen fwa w dispoze nan atitid ou pou viv pi prè pawòl Bondye a :
   - Èske wap tann pou rankontre ak Bondye ?

- Èske m dispoze pou m obeyi ak Bondye nan nenpòt bagay ke l ta montre m nan pawòl li jodi a ?
- Èske m pa priye lè map mande Lespri Sen an direksyon ak konpreyansyon nan lekti pawòl li ?

2. Konbyen fwa mwen konprann pasaj la :
- Èskem li pawòl la ak konpreyasyon?
- Èske m konpare lekti ke m fè nan yon pasaj ak yon lòt pasaj ke m te li deja ?
- Èske m rann kont tèks ki antoure pasaj la ?
- Èske m konprann kisa pawòl sa yo te siyifi pou moun ki tap viv nan tan pase yo ?

3. Konbyen fwa m dwe obeyi pawòl la :
- Èske m dwe egzamine tèt mwen ?
- Èske m te konfese peche ke pawòl la te revele nan la vi m?
- Èske m te mande Bondye padon pou yo ?
- Èske m te resevwa pwomès pèsonèl nan Bib la ?
- Èske m te jwenn yon kòmandman ke m dwe obeyi ?

Bibliyografi

Jose Flores, tèks la nan Nouvo Testaman an. Clie: Barcelona, 1977.

A. T. Robertson, Pawòl Pictures of N.T. clie: Barcelona, 1988.

Franco Serio. Apwòch nan etid la nan Bib la. CNP: Kansas City, 1989.

William H Vermillion, Devotional itilize ki ekri nan Liv nan mouvman an Wesleyan. Wesleyan Theoloj Jounal, Vol 16, Non 1, Wesleyan Théologie Society ou. WILLMORE, Kentucky, Prentan 1981, pp 51-67 (tradwi pa Marylou Riggle).

T. W. Purkiser, Yon gade nan doktrin nan biblik. CNP: Kansas City, 1989.

DIKSYONÈ POU NOUVO KWAYAN YO
Mo ki itilize nan konvèsasyon ak Kil nan legliz Nazareyèn yo

Mónica E. Mastronardi de Fernández

A

ADILTÈ: Se relasyon seksyèl ki fèt pa yon moun ki marye andeyò maryaj la. Nan la bib, li itilize, plizyè fwa, tankou yon senbòl idolatri, osinon yon ak kote yon moun mete konfyans li nan nenpòt lòt dye oubyen imaj taye epi ki mete l nan plas ki koresponn ak sèl vrè Dye a (Matye 5:27, 28, 32).

ADOPSYON: Aksyon lanmou ke Bondye fè pou adopte nouvo kwayan an kòm pitit li epi fè li eritye menm jan ak Kris la benediksyon ke Li te prepare pou pitit li yo (Jan 1:12; Women 8:16). Gade Konvèsyon; Fèt yon lòt fwa.

ADORASYON: Adorasyon se amou pwofon e siprèm ki soti natirèlman nan kè kretyen yo kòm repons ak lanmou Bondye a ke yo eksperimante nan kè yo. Santiman sa rann onè ak glwa pou Senyè a, rekonèt li kòm souveren sou lavi yo epi sou tout kreyasyon an. Adore se yon ak volontè de kwayan an pa mwayen sa li eksprime lanmou pou Bondye. (Matye 4:10)

ALELOUYA: Mo ki itilize kòm ekspresyon de jwa ki koresponn avèk Bondye (Revelasyon 19:11).

AMÈN: Mo ki itilize nan kil adorasyon pou eksprime ke yon moun tonbe dakò ak sa ki di a, ak sa ki fèt la chante a osinon pawòl ki di a. Literalman li vle di: "ke sa fèt konsa". Priyè yo souvan fini avèk mo sa (1 Istwa 16:36; Neyemi 8:6; Efezyen 3:21).

ANSYEN TESTAMAN (A.T.): Non yo bay ak 39 liv nan bib la ki te ekri anvan nesans Jezi a.

ANTYÈ SANNTIFIKASYON: Gras ke w resevwa de Bondye lè kwayan resevwa pa lafwa pwisans Sentespri a, Epi li ba li kapasite pou viv yon vi ki sen. Volonte Bondye se pou tout pitit li yo sanntifye oubyen pou yo vin "sen". Sentespri a ranpli kretyen an lè li konprann ke li bezwen bay tout kontwòl lavi li a Kris kòm Senyè li, epi renonse a viv konsantre sou pwòp volonte pa li. Li dwe distenge li de sanntifikasyon anvan ki te fèt lè moun nan te aksepte Kris kòm sovè pèsonèl li. (2 Tesalonisyen 2:3). Sa se doktrin de legliz Weslyèn yo. Gade BATÈM

APÈL: Kominikasyon pèsonèl de Lespri Bondye a yon moun. Bondye rele tout moun pou resevwa Sali a, a sanntifikasyon epi travay ministè. (Women 1:1; Travay 16:10; 1 Pyè 1:15; Revelasyon 3:20).

APOT: Jeneralman li fè referans ak douz mesye ke Bondye te chwazi yo (Yo rele yo tou disip) pou kontinye ak ministè li a. Pòl te kosidere tou kòm yon apot (2 Pyè 1: 1 ak Women 1:1).

ATIK LAFWA: Se deklarasyon doktrin biblik ke denominasyon "Legliz Nazareyen" kwè epi dakò pou yo defann li (Gade MANYÈL LEGLIZ NAZAREYEN).

B

BATÈM: Se yon rit pou inisye ak yon senbòl pou w antre nan fanmi Bondye a (legliz) ke Jezi te etabli, konsa nouvo kretyen an bay temwanyaj piblik konsènan desizyon pèsonèl li pran pou li viv nouvèl vi nan Kris la. Rit la gen ladan li: plonje moun nan nan dlo pou yon ti tan osino sèlman mouye tèt moun nan oubyen mikte li avèk yon ti dlo (Mak 16:16, Jan 2:22-23 ak Travay apot 2:38-41).

BATÈM AK LESPRI SEN AN: Dezyèm travay Sentespri a nan kè Lòm yon tan apre konvèsyon li, sa vin bay kòm rezilta Kè pwòp epi pouvwa pou sèvis la. Sa rive lè yon moun nan pwen kote li konsakre li nèt osinon lage li nèt bay Bondye. Batèm sa a se li ki te fèt nan disip Kris yo nan jou pannkot la. Anpil fwa yo itilize ekspresyon "Ranpli ak Sentespri" pou eksprime sa. (Matye 3:3, Mak 1:8, Lik 3:16, Jan 1:33, Travay Apot 2:1-4)

BENEDIKSYON (Beyatitid): Se pwomès kontantman ke Bondye pwononse (Matye 5:3-12)

BENI, BENEDIKSYON: Beni se desire sa ki pi bon an, louwanj, bay yon bagay ki gen vale, mande entèvansyon Bondye pou byen lòt moun. Lè yon moun beni li santi li kontan, satisfè (Pwovèb 10:22).

BENIGN, BENIGNITE: Li itilize tankou sinonim de bonte. Se yon ak volontè e san enterè pèsonèl ki gen pou objektif pou satisfè nesesite yon lòt moun.

BIB: Se liv ki gen ladan l yon koleksyon de 66 liv ki te ekri sou kòmand Bondye pa kèk moun fidèl anvan e apre nesans Jezi. Jeneralman yo fè referans ak Bib la antanke pawòl Bondye, yo konsidere fòm sa ki gen tout otorite nan tou sa ki konsène doktrin ak vi Kretyèn nan (1 Pyè 1:25).

BLASFÈM: Blasfème se denigre, meprize, kalomnye yon moun nan lide pou kritike li (Pwovèb 25:23)

BON ZÈV: Se tout aksyon ki gen bonte kretyen yo osinon lòt moun fè tankou pou montre gwo lanmou ak enterè yo gen pou lòt moun. Bon zèv sa yo dwe nòmal e dwe fèt chak jou nan lavi pitit Bondye yo. Efezyen 2:10).

C

CENETA: Sant detid Tewolojik Nazareyen Afilye a jiridiksyon Seminè Nazareyen. Objektif li se fòme moun ki resevwa apèl Bondye konsènan lidèchip nan legliz la. Sant sa yo sitiye nan tanp yo osinon nan kèk lòt plas, kote moun ki enterese yo kabab vini resevwa fòmasyon biblik teolojik ak ministeryèl tou pre kote li rete a. Konsa pou peyi Meksik yo rele li ETASEN.

CHANÈL, CHANALITE: Li dekri fason yon moun ye, panse epi viv anvan li vin netwaye nèt de peche. Eksprime vi esklav peche a nan diferan mannyè : fizik, emosyonèl epi materyèl. Li konsantre li nan satisfè pwòp dezi egoyis li olye li chache premyeman obeyi volonte Bondye (Women 8:6-8)

D

DEDIKASYON TIMOUN: Se yon seremoni ki reyalize nan prezans kongregasyon an, nan okazyon sa paran yo prezante timoun nan a Bondye epi pwomèt ke yo ap edike timoun nan nan pawòl Bondye. Kongregasyon an bò kote pa l' pwomèt pou ede paran yo nan fason sa epi pastè a fè yon priyè pou mande benediksyon Bondye pou lavi timoun nan ak fanmi li.

DEYITE: Tèm ki refere ak Bondye, ak trinite a (Papa, Pitit la ak Sentespri a) osinon ak Kris pou montre ke li se Bondye (Kolosyen 2:9).

DEZYÈM VINI KRIS LA: Evènman ki pral rive nan fen tan lè Kris la retounen epi pral kòmanse ak yon seri evènman tankou: 1) Rezireksyon mò yo. 2) Maryaj ti moun nan, kote Kris pral reyini ak legliz li a pou selebre ansanm kominyon an. 3) Jijman final la, Kote Kris pral detèmine destine chak èt vivan. 4) Batay final la ant lame Bondye a ak moun kap swiv satan yo. 5) Lage satan, demon yo ak tout pechè yo nan etan difè kap boule pou tout tan. 6) Restorasyon inivè a ak tè a de tout konsekans peche yo. 7) Desann vil selès la, Nouvèl Jerizalèm epi etablisman wayòm pou tout tan Bondye a, kote Kris pral renye pou toujou sou pèp li a (Revelasyon 19:9; 20:1-3; 21:1-10; 22:1-5).

DIM: Se yon dizyèm de tout antre yon moun osinon yon fanmi. Dim nan, depi nan tan lontan jiska Kris la te yon bagay yo mete apa kòm yon ofrann de gratitid a sakrifikatè yo ki bay tèt yo nèt pou sèvi Senyè a (Nan men yo tout bagay pase). Nan ak adorasyon sa kwayan an rekonèt ke Bondye kòm Mèt e Senyè tout bagay ke li ye ak sa li genyen. Fidelite kretyen an nan pataje dim nan rale gwo benediksyon sou lavi li, fanmi li epi sou pèp Bondye a. Pote plis fon pou kenbe minis ak ministè yo nan legliz la (Malachi 3:10).

DISIP: Yon disip se yon moun ki ap aprann direksyon nan men yon mèt disip. Tèm sa li itilize pou rele tout moun kap swiv Jezi, kap aprann tout ansèyman li yo epi aplike yo nan vi yo (Lik 6 : 10; 14: 27).

DISTRI: Rasanbleman de legliz lokal yo nan yon zòn jeografik byen espesifik epi ki anba responsabilite yon sirentandan. Gade SIRENTANDAN DISTRI.

DOKTRIN: Sa aplike ansanm ak kwayans krisyanis la. (Travay 2:42).

DON: Abilite osinon kapasite ke yon moun resevwa de Bondye pa mwayen Sentespri a pou reyalize kèk sèvis kretyèn. Pa egzanp: ansèyman, pote kichòy pou moun ki nan nesesite, geri malad, elatriye (1 korentyen 12:4' Women 12:6; 1 Korentyen 12: 31-13:13).

DYAB: Gade SATAN.

DYAK, DYAKONÈS: Non yo bay ak yon kwayan ki "òdone" sa vle di ke li resevwa lisans osinon kredi ofisyèl de legliz la pou yon sèvis osinon yon ministè espesyal dapre don li genyen. Legliz Nazareyen pa sibvansyone ankò lòd prèt. Gade mo PRÈT.

E

EKONÒM: Yon manm nan legliz Nazareyen an ki eli pou li sèvi pou yon ane eklezyastik nan kèk domèn, tankou planifikasyon ak mentnans pwopriyete yo nan legliz lokal, rapò ak administrasyon fon pou jere legliz la ak tout moun kap travay ladan li epi pou pote soutyen pou diferan ministè ki nan legliz lokal la, elatriye.

EKSPIYASYON: Li fè referans ak lanmò Kris la nan plas pechè a, peye ak lanmò inosan li pri ke Jistis Bondye a egzije pou efase tach peche a ki te separe lòm ak Bondye. Se pa mwayen lanmò Kris la ke Bondye te kapab rekonsilye ak mond lan epi chemen rankont ak Bondye a te ouvè pou tout moun (2 Korentyen 5:19; Ebre 2: 17). Gade PECHE, SALI.

ENTÈSESYON/ENTÈSESÈ: Se aksyon kote ou ap entèsede. Jezi se sèl medyatè siprèm, ant Bondye ak lèzòm kòm sasèdòs ke Bondye bay pou li kapab restore relasyon yo ke peche te koupe. Yon entèsesè se tou yon kretyen kap soupliye Bondye nan priyè li an favè nesesite lòt moun yo (Ebre 9: 14-15; Jan 17). Gade PRIYÈ.

EPOUZ KRIS LA : Se yon figi ki fè referans ak legliz Kris la, li gen ladan l' kretyen nan tout epòk epi ki pral reyini avèk li nan dezyèm vini li a (Efezyen 5:23). Gade Legliz.

EPRÈV: Sitiyasyon difisil ki vini nan lavi kretyen an. Sa yo kontribye nan kwasans espirityèl kwayan an, sa ba li tou opòtinite pou li eksperimante fidelite Bondye Senyè a ak pwòp antant li ak Jezikris (1 Pyè 4: 12-13)

ETASEN: Sig de Etid Teolojik Afilye a Seminè Nazareyen Meksik. Gade CENETA.

EVANJELIK: Branch nan legliz pwotestan an ki santre sou Sali pa mwayen Kris la, yon sèl gras, yon sèl lafwa ak yon sèl pawòl.

EVANJIL: Se mesaj bòn nouvèl la ki gen pou fondman lavi ak travay Jezi pou ouvri pòt Sali a ak tout limanite. Kat premye liv nan nouvo testaman rakonte tout bagay konènan nesans, lavi, lanmò ak rezireksyon Jezikri (2 Timote 1:9-10).

F

FÈT YON LÒT FWA: Li di ke yon moun fèt yon lòt fwa se lè li repanti oubyen li eksperimante padon pou peche li epi kòmanse yon vi tou nèf ke Bondye ap dirije (Jan 3:5-8). Gade KONVÈSYON.

FÒNIKASYON: Li fè referans ak relasyon seksyèl ant moun ki gen sèks opoze an deyò maryaj. Epitou li kapab dekri enfidelite alega de Bondye. (1 Korentyen 6:9).

FRÈ/SÈ: Mo ki itilize pou dirije w a yon lòt kretyen epi ki fè nou sonje ke tout disip Jezi yo gen yon sèl orijin epi yo fè pati fanmi Bondye a.

FWA: Mo sa itilize nan fason: kwè nan yon bagay ke ou paka pwouve oubyen wè; aksyon kote ke ou mete tout konfyans ou nan Kris la pou Sali; epi tou ou kapab moutre seri kwayans ki se baz krisyanis la (Ebre 11: 1, 6; Matye 17:20; Women 1:17)

FWI SENTESPRI A: Li fè referans ak rezilta ke travay Sentespri a nan lavi kretyen an e ke nou jwenn yo nan Galat 5:22-23.

G

GLORIFIKASYON: Gade REZIREKSYON.

GRAS: Se Lanmou gratis Bondye a tout moun (Efezyen 2:4-10)

GRAN KOMISYON: Dènye entriksyon ke Jezi te bay ak disip li yo anvan li te monte nan syèl la(Matye 28:18-20).

GRAN KÒMANDMAN: Rezime de sa Jezi te fè e tout sa Bondye espere de pitit li yo. Nou jwenn bagay sa nan Matye 22: 36-39.

GRAN FRÈ: Sa fè referans ak moun ki ap ede lòt moun konnen Jezi epi kap gide li nan premye etap yo nan lavi kretyèn li.

I

ISYE: Moun ki ap fè kèk sèvis espesifik nan legliz la tankou distribiye bilten, pote mesaj nan yon asanble, prezante byenvini ak moun yo elatriye.

J

JÈN: Se lè volontèman ou pa manje pou ou kabab konsakre moman sa pou ou priye epi etidye pawòl Bondye. Se youn nan disiplin espirityèl yo ke kretyen yo pratike nan plizyè objektif pou kwasans espirityèl yo (Matye 4: 1-2; 6:16; Travay Apot 13:2-3).

JEOVA: Mo ki itilize pou fè referans ak sèl vrè Dye a, yo te itilize nan tan ansyen testaman epi li soti nan lang ebre a (Egzòd 3:15)

JERAN: Yon manm nan legliz nazareyen an ke yo chwazi pou kèk responsabilite espesifik nan depatman vizit, finans, evanjelizasyon, konpasyon, adorasyon piblik, fè disip, preparasyon ak distribisyon materyèl pou sent sèn (repa Senyè a) elatriye.

JERANS: Se rekonesans ke Bondye se founisè tout bagay nan vi nou ak tout sa nou posede, epi lòm se sèlman yon administratè de tout byen ke nou resevwa de Bondye. Kretyen yo ki rekonèt Kris kòm Senyè yo konprann ke yo dwe sèvi Li ak tout sa yo ye e ak tout sa li ba yo. Jezi vle pou disip li yo se bon jeran kap fè kont efò pou administre tout zòn nan lavi yo yon fason ki dakò ak volonte Bondye, Pa egzanp: Kapasite, tan, fanmi, sèvis, byen materiel elatriye. (1 Pyè 4:10).

JIJMAN FINAL: Evènman ki gen pou rive ke bib la predi epi ki gen ladan l' jijman tout moun devan Jezikri, apre dezyèm vini li a (Matye 25:31-46).

JISTIFIKASYON: Tèm itilize pa Apot Pòl pou eksprime gras diven ki padone pechè ki repanti a epi fè li "Jis" devan Bondye, deklare ke li lib de fot li epi diy pou l'gen kominyon ak Kreyatè (Women 4: 25 ak 5:18).

JISTIFYE: Moun ki vin jis oubyen ki deklare jis pa Bondye (Women5:1)

J.N.I: Sig ki vle di Jenès Nazareyèn (I) Entènasyonal. J.N.I an se ministè nan legliz Nazareyen ki travay espesyalman avèk jèn (de douz a kontinye) nan lide pou Mennen yo nan nouvèl vi nan Kris la epi fè yo vin disip li.

JOU REPO: Jou ke Bondye te met apa depi lè kreyasyon an pou li te repoze li de tout sa li te fè pandan semèn nan epi li mete li apa pou adore Senyè. Anvan rezireksyon Jezi a te fèt yon dimanch oubyen premye jou nan semen nan, yo te kenbe samdi a pou jou repo a, men depi lè sa a kretyen te kòmanse kenbe jou dimanch la an memwa de triyonf de Senyè a sou lanmò! (Jenèz 2:1-3)

JOU SENYÈ A: Non ki atribye a jou dimanch, li se jou ke kretyen yo reyini pou ofri kil a Senyè yo Jezikri. Nan liv pwofèt yo ak nan nouvo kontra li fè referans nan kèk okazyon ak tan premye ak dezyèm vini Jezi a (Travay Apot 2:20, Revelasyon 1:10).

JWA: Eksperyans pwofon de gran kontantman ki se fwi travay Sentespri a nan lavi kwayan an. Ou pa dwe konfonn li ak yon moun ki pou yon titan anime tankou li ap ri sa rele kè kontan, kidonk jwa sa li menm li demere nan kè kwayan malgre difikilte ke li ta rankontre nan lavi li (Lik2:10, jan 15: 11).

K

KALVÈ: Se non yo bay ti mòn kote yo te krisifye Jezi a. Literal-man li vle di: "Zo bwa tèt (kràn) "(Lik 23:33)

KÈ: Ògàn kò imen an ke labib itilize kòm sinonim de tout bagay ki diferansye èt imen yo kòm moun: Santiman, motivasyon yo, dezi yo ak volonte. Nan kè a genyen tou kalite moral yo kap gide kondit moun nan (Efezyen 3: 17, Women 10:10, Mak 10:30).

KÒ KRIS LA: Se yon figi ki fè referans ak inite ki genyen nan tout verite kretyèn nan, travay ansanm epi kontinye travay ke Kris la te kòmanse nan mond lan. Anpil fwa yo rele li tou legliz envizib (1 Korentyen 12: 27, Efezyen 4:12)

KOMINYON: Yo Rele tou soupe senyè a. Se nan seremoni sa kretyen yo manje yon ti kal pen e ji rezen pou yo kapab memo-rize san Jezi ki te koule sou kwa pou nou. Pen sa reprezante san Jezi ki te koule pou peche nou yo. Jezi te òdone ke nou fè sa jiskaske legliz la reyini ankò avèk li nan dezèm vini li a. (Lik 22:19) Gade DEZYÈM VINI KRIS LA.

KONDANASYON: Se eta yon moun ki te vire do bay Bondye epi ki ap viv nan peche (Women 5:16)

KONFESYON: Se aksyon kote ke moun nan deklare ak bouch li ke li te peche kont Bondye osinon pou afime ke yon moun kwè nan Kris la (Women 10:9-10; 1 Jan 1:9; Ebre 3:1).

KONPASYON: Santiman pwofon de lanmou ak enterè pou satisfè nesesite lòt moun ke pou kèk rezon nan yon enpas difisil ak mank. Se kontrè ak endiferans

KONSEKRASYON: Aksyon kote ke ou dedye yon bagay a Bondye sèlman. Li kapab la vi yon moun, tan li, byen li yo ak lòt bagay toujou (Women 6: 13-19, 12:1).

KONSEYE: Adjektif yo atribye anpil fwa ak Sentespri a. Li refere tou ak moun ki ede lòt moun atravè konsèy yo. Moun sa kapab yon pastè, osinon yon konseye ki antrene pou sa, osinon sèlman yon kwayan ki plis eksperimante nan lavi kretyèn nan.

KONSÈY/KOMITE LEGLIZ LOKAL: Se kò direktiv (gwoup moun kap dirije) yon legliz ki konpoze ak manm yo, moun sa yo eli nan asanble anyèl. Konsèy sa asiste pastè a, asire bon planifikasyon, administrasyon ak kwasans ministè yo ak pwopriyete legliz lokal la.

KONSÈY KONSILTATIF DISTRI: Kò direktif ki fòme pa Sirentandan distri a, evèk ak layik ki eli nan asanble distri kòm reprezantan legliz lokal yo. Konsèy konsiltatif distri a se ògàn konseye sirentandan konsènan ministè li kòm lidè legliz lokal yo ki sou jiridiksyon li. Gade DISTRI

KONSOLATÈ: Adjektif ke Jezi te itilize pou Sentespri a (Jan 14:16; 15:26 epi 16:7).

KONVÈSYON: Aksyon kote ou kwè nan Senyè Jezikri epi repanti sensèman. Sa parèt nan yon chanjman de atitid nan moun nan ki deside bay yon nouvèl direksyon ak vi li nan obeyisans a Bondye. Nan ak konvèsyon an, Bondye padone peche ke moun nan te fè yo epi tout sa posib gras ak lanmò entèsèsè Jezikri sou lakwa, an favè li. Moun ki repanti resevwa yon nouvèl vi espirityèl epi li kapab grandi nan konesans ak nan sèvis Bondye. (Women 6:4, 12:2, 2 Korentyen 5:17, Efezyen 4:22-24)

KONVIKSYON DE PECHE: Se rezilta aksyon Sentespri a nan kè yon moun ki fè li santi li koupab epi fè li santi li bezwen padon pou relasyon li kapab restore (Jan 16:8). KWASANS ESPIRI-YÈL: Li koresponn ak travay kap kontinye epi ki nòmal kay yon kretyen ki atenn matirite. Pou kwasans sa rive efektif, kretyen an dwe pratike disiplin espirityèl yo (Nouri kòrèkteman ak pawòl la, chache gen relasyon ak Bondye pa mwayen lapriyè, ak lòt moun tou); fè zanmi ak lòt prensip ke nou aprann yo (2 Pyè 3:18).

KRIS: Gade MESI

KRISIFIKSYON: Metòd pou maltrete osinon touye moun ke anpi women an te konn itilize e ke pa limenm Jezi te mouri (Matye 27: 22-23, 27)

L

LANFÈ: Nan lang ebre "hades". Yon kote ki gen touman se la moun ki te rejte Kris yo prale apre yo fin mouri, pandan yap tann jijman final la. (Lik 16:23; Matye 13: 41-43).

LANMOU PAFÈ: Se eksperyans renmen Bondye ak tout kè, nanm, espri epi fòs. Renmen Bondye sou tout lòt bagay epi viv san rete nan fè volonte li. (Matye 27:38-19).

LAVI POU TOUT TAN: Se lavi kretyen an ki kontinye apre lanmò (Kolosyen 3:1-4).

LAYIK: Tout kwayan ki manm nan yon legliz lokal, ki pa nan ministè ki bezwen òdinasyon. Gade MINIS, MINISTÈ, DYAK/DYAKONÈS, PRÈT.

LEGLIZ: Reyinyon moun kap swiv Jezikri yo, nou wè li e li sanble ak yon kò kwayan local (legliz local) oubyen kòm total kretyen nan tout nasyon yo ak nan tout epòk (Legliz inivèsèl). (Travay 9: 31; 11:26)

LEKÒL DOMINIKAL: Depatman nan legliz Nazareyen ki pwone ansèyman pawòl Bondye a. Non sa soti nan fason ke jeneralman sa fèt nan jou dimanch yo. Moun regwoupe pa tranch daj yo nan klas pou yo etidye pawòl Bondye sou titèl yon gid ki se yon anseyan kretyen. Gade MINISTÈ DE LEKÒL DOMINIKAL.

LESPRI SEN AN: Se twazyèn pèsòn nan Trinite a pa mwayen limenm Bondye ap travay nan mond la. (Jan14:26).

LIV CHAN: Liv yo itilize nan legliz kretyèn yo ki gen ladan li kantik louwanj ki deklare grandè ak mèvèy Senyè a.

LOUWANJ: Se adorasyon ki eksprime an pawòl osinon an chan ki egzalte grandè ak byenfè Bondye nou an. (Ezayi 25:1)

M

MANM: Li fè referans ak yon kwayan ki te aksepte fè pati lis ofisyèl moun ki fè pati legliz lokal la. Nan sans figire biblik li konsidere kòm manm kò Kris la, konsa tout vrè kretyen yo se manm. Lefèt ke li patisipe kòm manm aktiv nan yon legliz lokal sa bay kretyen an kèk benefis epi tou li fè pastisipe nan responsablite ministè ki nan legliz la. Jezi ansenye disip li yo ke yo dwe toujou rete ini pou yo ka fè yon gwo enpak nan mond sa a (Jan 17:11; Women 12:12-13).

MANYÈL LEGLIZ NAZAREYEN: Liv ki genyen rezime istorik de orijin denominasyon an; pwosedi òganizasyon an ak gouvènans li epi fason ou dwe kondwi yon kretyen nazareyen devan pwoblèm yo nan tan sa, tankou: avòtman, etanazi; omoseksyalite ak lòt toujou.

MESI: Mo ebre ki vle di "chwazi". Se tit ke yo te bay ak sovè ke Bondye te pwomèt ak pèp la nan anyen Kontra.Nan fòm grèk la se "Kris". Gade REDANMSYON

MINISTÈ LEKÒL DOMINIKAL (MEDFDI): Youn nan ministè legliz nazareyen yo. Objektif prensipal li se ansenye a tout kretyen de tout laj pou etidye pawòl Bondye epi ede yo pou yo aplike ansèyman li yo nan lavi yo chak jou. Ministè sa koòdone epi planifye diferan pwogram ak aktivite tankou: Lekòl dominical(MEDFDI), Lekòl Biblik Vakans(EBV), Kan; Legliz timoun, Ministè dam, Ministè gwoup dòm; ministè twazyèm laj, ak ministè matrimonyal ak fanmi. Gade LEKÒL DOMINIKAL.

MINIS, MINISTÈ: Yon moun ki resevwa apèl Bondye pou li sèvi nan legliz la. Pi souvan yo itilize li pou deziye moun ki okipe yon pòs lidèchip nan kleje a, tankou pastè yo. Tandike nan bib la yo itilize tèm sa pou tout moun ki bay vi yo pou sèvi Bondye. Aktyèlman kèk legliz genyen divès kalite ministè tankou: Ministè jenès, ministè edikasyon, ministè konpasyon, ministè mizik, elatriye. Ministè vle di tout bagay ki fèt pou bay sèvis a Bondye. Ministè kapab aplike nan yon pati de sèvis a Bondye tankou: ministè de predikasyon, ministè adorasyon elatriye (Tavay 20:24; kolosyen 1:7).

MIRAK: Yon fè sinatirèl ki fèt pa pouvwa Bondye. Li pote non "prodij" "siyal" oubyen "mèvèy".

MISYONÈ: Moun Bondye rele pou konsakre vi li a plen tan epi legliz la voye li avèk yon misyon espesyal nan yon lòt rejyon jeografik, a yon gwoup sosyal, oubyen yon kilti diferan. Nan yon sans pi konplike: li aplike a tout moun ki simonte kèk obstak pou prezante mesaj Sali a epi ki mennen yon moun a Jezi, fè disip avèk li oubyen antrene li nan lidèchip kretyen an. Legliz Nazareyen rekonèt moun ke Bondye rele pou travay misyonè epi voye yo nan lòt peyi pou ede etann epi fòtifye legliz yo. Misyonè sa yo sipòte pa mwayen priyè ak ofrann legliz lokal yo epi travay li koòdone pa biwo entènasyonal Misyon Mondyal. (Travay 1:8)

MISYONÈ NAZAREYEN ENTÈNASYONAL (MNI): Depatman nan legliz la ki sipòte, ankouraje epi soutni pou avansman misyonè legliz Nazareyen yo nan tout mond lan.

MIZÈRIKÒD: Se yon ak de gras, lanmou ak konpasyon ki soti nan Bondye menm epi manifeste li alega pitit li yo pa mwayen Sentespri a. Santiman sa pa yon fen an limenm, se pito yon rezon ki pouse kretyen an pou li lonje men a moun ki nan nesesite menm jan Bondye te gen mizèrikòd pou li. (Matye 5:7). Gade KONPASYON

M.N.C: Sig de Ministè Nazareyen de Konpasyon. Gade KONPASYON

MOURI A PWÒP TÈT OU: Se ak ki penmèt ke Kris viv nan lavi yon moun pandan lap pran tout kontwòl de limenm. Apot Pòl itilize figi sa pou li eksprime ke kretyen an dwe sispann viv anba pouvwa dezi ak pasyon lachè yo men pou viv yon fason ki dakò ak volonte sen Bondye (Women 8:13; Kolosyen 3:5) Gade KONSEKRASYON, SANNTIFYE, ANTYÈ SANNTIFIKASYON.

MOUTON, MOUTON BONDYE A: Senbòl ki atribye ak Kris la kòm sakrifis ke Bondye bay yon sèl fwa e pou tout tan sou la kwa. Li te vini pou ranplase anpil bèt pèp jwif la te konn sakrifye chak ane, pou yo te kapab jwenn padon nan men Bondye pou peche yo. Sakrifis bèt san defo sa yo, te kenbe kòm koutim e te raple yo ke Bondye te voye Mesi a, mouton san defo a (San peche) kòm ofrann an sakrifis pou peche tout moun (Jan 1:36).

MWEN (EGO): Se volonte imèn nan, lide ak lachè kap chache satisfè pwòp dezi yo olye yo satisfè volonte Bondye. Sa parèt aklè lè kwayan dezire koupe abitid peche yo nan lavi li tap mennen anvan an. Kwayan an rankontre nan li yon fòs ki ap reziste ak li pou mete an Pratik nouvèl vi nan Kris la. Lit sa ki anndan li a pote tristès, apre sa li santi li atire pou li fè pwòp volonte pa li. Wout pou soti nan konfli espirityèl sa se soumisyon volontè volonte pèsonèl li a Kris la kòm Senyè pou ke li pran kontwòl sou tout bagay nan lavi kretyen an (kongregasyon) epi ranpli ak Sentespri a kap netwaye "ego" a nan kè lòm nan epi ede li viv nan amoni. Gade SANNTIFYE; ANTYÈ SANNTIFIKASYON; PECHE ORIJINÈL; MOURI A PWÒP TÈT PA OU.

N

NAZAREYEN: Mo ki deziye nan tan Jezi a ak tout moun lavil Nazarèt nan Galile. Se la nou pran non sa pou deziye denominasyon Legliz Nazareyen an (Matye 2:23).

NESANS VYÈJ: Li fè referans a kosepsyon epi nesans Jezi nan vyèj Mari. Jezi te vin fèt nan yon fòm mirakile pa mwayen Sentespri a nan Mari, yon jèn sèvant Bondye ki pat ko antre nan pyès relasyon seksyèl ak pyès gason epi ki te fiyanse pou marye ak Jozèf. Sa te vin rive li vin papa tèrès Jezi, li menm ke Bondye te bay responsablite pou pran swen timoun nan ak manman li (Lik 1:26-38; Matye 1:18-21).

NOUVO TESTAMAN/KONTRA (N.T): Yo rele konsa rasanbleman 27 liv ki nan bib la kit e ekri apre lanmò Jezi. Liv sa yo rakonte lavi Kris la ak kòmansman legliz kretyèn nan.

O

OFRANN: Tout sa ou prezante ak Bondye kòm yon ak dadorasyon. Nan legliz kretyèn yo yo gen abitid ranmase ofrann lajan volontè nan kil yo ak nan reyinyon yo, yo mete ansanm ofrann yo ak dim yo pou soutni ministè yo ak pwopriyete legliz la. Gen lòt ofrann espesyal ki vin fèt regilyèman nan legliz nazareyen yo nan tout mond lan pou kontribye nan misyon mondyal:

- **Ofrann Bwat Alabastè:** yo ranmase li nan mwa Septanm ak Fevriye. Yo itilize li nan konstriksyon edifies ak nan acha tèren pou lopital, semininè, lekòl, legliz, ak presbitè (kay Pastè).

- **Ofrann Aksyon de Gras:** yo ranmase ofrann sa nan mwa novanm epi yo itilize li pou evanjelizasyon mondyal.

- **Ofrann pou Transmisyon Levanjil Mondyal:** yo ranmase li nan mwa Jen epi yo itilize li pou pwogram radio legliz Nazareyen nan zòn misyonè.

- **Ofrann de rezireksyon:** Yo ranmase li nan dimanch rezireksyon an epi yo itilize li pou evanjelizasyon mondyal.

- **Ofrann pou Plan Medikal:** Yo pran li nan mwa Me epi yo itilize li pou kouvri depans medikal pou misyonè yo ki aktiv yo ak sa ki pran retrèt yo.

- **Ofrann pou Ministè Konpasyon**: Yo ranmase li nan mwa Desanm epi yo itilize li pou pwojè ministè konpasyon ak pou bay èd nan sitiyasyon katastròf natirèl yo.

- **Ofrann de Priyè ak Jèn:** Yo ranmase li nan tout mwa nan ane a, bi ofrann sa se pou ankouraje lapriyè, jèn ak ofrann dezenterese an favè evanjelizasyon mondyal. Gade JÈN

OZANA: Literalman " sove kounye a". Yo itilize mo sa pou envoke benediksyon Bondye, pa mwayen Jezikri (Mesi a) (Mak 11:9-10)

P

PANNKOT: Fèt jwif ki te konn selebre 50 jou apre pak la. Pandan fèt pannkot ke disip Jezi yo te reyini la aprè li te moute nan syèl, yo te ranpli ak Sentespri a epi yo te kòmanse preche pou premye fwa devan tout foul moun yo nan vil Jerizalèm ki te vini pou fèt la. Nan okazyon sa disip yo eksperimante yon mirak de Sentespri a kote li te fè yo kapab preche nan diferan lang ke moun yo tap tande li. Kòm rezilta te gen twa mil moun te konvèti nan menm jou a, epi sa te make kòmansman legliz kretyèn nan epi li pase nan istwa jou pannkot la (Travay 2: 1-42).

PASTÈ, PASTORÈS: Lidè kretyen legliz ke Bondye rele pou gide kwayan yo epi dirije yo nan akonplisman plan Bondye yo pou pèp li a (Tarvay 20:28). Gade MOUTON YO.

PECHE: Se dezobeyi ak fè rebèl kont volonte Bondye. Peche kapab vin yon mal nan panse, rejte Bondye, idolatri, lè w egoyis, gen konfyans nan pwòp fòs chanèl ou, gen yon kondwit ki pa fè Bondye plezi oubyen lè ou refize obeyi enstriksyon espesifik Bondye yo. Literalman li vle di"rate bi a". Moun ki fè peche dwe konfese fot li a devan Bondye ak devan pwochen an (Si se yon bagay ou fè yon moun) epi chache touswit padon diven an. Anplis Jezi anseye ke ou dwe evite fot la otanke posib epi abandone kondwit sa. Lanmò Kris la sou lakwa se sa ki rann posib pou ke Bondye kapab padone peche endividyèl nou yo si genyen yon repantans ki sensè. Nan bib la, Yo fè diferans ant de kategori peche: Peche ine, ereditè oubyen orijinèl ak lòt peche yo ki kapab sa nou di, fè ak aksyon ke nou komèt ki kont volonte diven an. (Jan 15:14; Women 12:14) Gade PECHE ORIJINÈL

PECHE INE: GADE PECHE ORIJINÈL

PECHE ORIJINÈL: Kondisyon imen an te eritye e pataje ak tout ras imèn nan ki enprime nan kè yo rebelyon a volonte Bondye epi ki pouse yo viv dapre dezi ak kapris yo. Sakrifis Kris la sou lakwa rann posib pou ke kondisyon sa netwaye kè imen an pou li kapab fè li lib pou li obeyi Bondye. Sa rive fèt lè kwayan rekonèt ke gen egoyis nan kè li, epi sa anpeche li akonpli volonte pafè Bondye a nan tout kwen nan lavi li epi dakò pou li vin lib ak senserite de esklavaj sa. Travay sa ki fèt pa Sentespri a, li rekonèt li sou non sanntifikasyon, pèfeksyon kretyèn, batèm Sentespri osinon ranpli ak Sentespri.Toutotan peche orijinèl la poko netwaye, Sentespri a paka ranpli nèt kè lòm nan e l'ap toujou santi li gen pwoblèm pou li obeyi volonte Bondye pou lavi li (Efezyen 2:3) Gade BATÈM AK SENTESPRI A.

PÈFEKSYON KRETYÈN: Yo rele li tou lavi de sentete, li fè referans a lavi moun ki sanntifye yo nèt. Nan eksperyans antyè sanntifikasyon an Sentespri Bondye pirifye kretyen an de entansyon pechrès epi ranpli li ak lanmou pafè ak sen Bondye a. Pèfeksyon kretyèn nan pa vle di ke ou lib pou w' fè erè oubyen sa ki mal ki fè pati nati imèn nan. W'ap trete ou pi byen pou viv pou onè Bondye menm jan tou nan chak aksyon ak chak panse, pouswiv dezi yo ak pasyon imèn yo yon fason ki tonbe dakò ak volonte

Diksyonè Pou Nouvo Kwayan Yo | 59

Bondye. Gade PECHE ORIJINÈL; SENTETE.

PRECHE/ PREDIKASYON: Ekspozisyon pawòl Bondye a sou fòm oral, nan objektif pou enstwi moun kap koute yo nan lavi kretyèn nan. Ensiste pechè yo pou yo repanti epi gide kretyen yo nan eksperyans antyè sanntifikasyon an (Lik 4:14-15)

PRÈT: Se minis ke legliz la bay tit oubyen òdone pou toutan kòm prèt. Pami kondisyon yo pou yo konsidere yon kandida pou tit sa se: Etidyan teolojik, eksperyans ministeryèl, temwan-yaj ak sèvis ou bay kòm kretyen, elatriye.

PRIYÈ: Dyalòg ak Bondye, sa penmèt nou kenbe yon relasyon entim chak jou avèk Li.

PWOFESYON DE FWA: Manifestasyon piblik ke yon moun fè ki konfime ke li kwè nan Kris kòm sèl sovè li epi depi kounya e pou tout tan li soumèt lavi li ak Senyè li. Gade CONVÈSYON

PWOFÈT: Nan ansyen testaman (kontra), sa fè referans ak yon moun ke Bondye chwazi pou transmèt pawòl li ak pèp la. Mesaj sa yo genyen de objektif prensipal: 1) Montre pèp la peche yo epi rele yo pou yo repanti. 2) Anonse fidèl yo evènman yo ki ta pral rive nan lavni. Evènman sa yo gen relasyon ak plan Bondye pou sove limanite (pwofesi). Nan Nouvo Testaman "pwofèt" iti-lize pa okazyon pou rele predicatè yo (Efezyen 4:11; Jonas 1:1-2).

PWOPISYASYON: Pwopis, rann posib yon bagay ki te enposib. Se aksyon de rekonsilyasyon ant lòm ak Bondye, ki fèt pa Kris la sou lakwa, li mete vi li nan plas ke lòm te merite, sa te ran li pwopis rekonsilyasyon chak pechè avèk kreyatè li. (Jan 3:16).

PWOTESTAN: Konsa yo rele tout legliz ki te pran nesans nan mouvman refòm nan XVI syèk la ak manm li yo ki te distenge yo de legliz katolik womèn nan. Pwotestan yo genyen kèk fondman an komen tankou: a) Bib la se sèl sous otorite pou lavi kretyèn nan. b) Chak moun gen dwa dirije li al jwenn Bondye san li pa bezwen yon medyatè imen pou konfese fot li yo nan priyè li. 3) Nou jwenn padon peche yo oubyen jistifikasyon sèlman pa laf-wa nan sakrifis Kris la. Sakrifis pèsonèl yo ak bon zèv yo pa sifi osinon pa kapab fè w jwenn padon diven an. d) Kris se tèt legliz la epi li la tout kote ki gen yon gwoup kretyen ki reyini. e) Tout kwayan yo dwe pataje responsablite ministè kretyen an, pafwa minis ki òdone tankou layik yo. f) Sakreman yo limite nan batèm ak soupe Senyè, ke Kris limenm te etabli.

R

RANPLI AK SENTESPRI: Gade ANTYÈ SANNTIFIKASYON

REDANMSYON, REDANMTÈ: Endike aksyon pote sekou a moun ki t'ap mouri oubyen peye tout dèt pou kapab achte libète li anba gouvènans peche, ke Kris la te fè sou kwa nan favè limanite (Mak 10:45; Women 3:23-24; Efezyen 1:7). Gade MESI

REJENERASYON: Yo rele fason sa travay restorasyon Sentespri Bondye a nan lavi moun ki aksepte Kris kòm sovè pèsonèl li. Rejenerasyon an vle di yon nouvèl aksyon, fèt yon lòt fwa (Jan 3:33). Gade FÈT YON LÒT FWA.

REKONSILYASYON: Tèm yo itilize pou dekri restorasyon de relasyon yo ki te koupe ant lòm ak Bondye akoz peche. Inisyativ pou rekonsilyasyon an soti nan Bondye epi li te vin akonpli lè li te voye pitit li a kòm entèmedyè. Pitit Bondye yo genyen kounye a responsablite pou kontinye ministè rekonsilyasyon an pou ke anpil moun ka jwenn opòtinite pou jwi yon relasyon damou avèk kreyatè a. Se nan sans sa ke kretyen yo se "anbasadè", ke Bondye voye kòm mesaje a tout gason, fanm ak timoun pou mennen yo rankontre avèk Li (Women 5:10; Matye 5:24; 2 Korentyen 5:18).

RENESANS: Tan de revèy espirityèl ke Sentespri a pote bay legliz la. Li karakterize pa yon dezi pwofon kwayan yo pou yo viv yon lavi sen, epi bay yo nan evanjelizasyon, ansèyman ak ministè de sèvis, sa bay kòm rezilta anpil moun repanti epi bay lavi yo a Senyè a.

RESTITISYON: Li endike koreksyon de yon mal ki te fèt. Se konsekans natirèl de repantans tout bon an. Yon egzanp de restitisyon kapab apresye nan lavi Zache (Lik 19:1-10).

RÈY BONDYE: Sa fè referans ak gouvènman Kris la ak otorite li ki san limit. Nou dwe konprann rèy Bondye nan twa tan istorik li yo: 1) Rèy ki vini ak Kris la, kidonk Li se Wa rèy Bondye a. 2) Rèy la ogmante kounye a nan chak nouvo moun ki aksepte Kris kòm Senyè sou lavi li. 3) Rèy kap vini an se dezyèm vini Kris la pandan Li pral etabli gouvènman san limit ak pou tout tan sou pèp li a ak inivè a (Mak 1:14-15. Gade WA TOUT WA.

REZIREKSYON: Yon moun ki te mouri epi ki retounen viv ankò. Nan lavi yo rakonte kèk mirak rezireksyon poutan moun sa yo finalman mouri menm jan ak tout lòt moun a lavni. Sèl moun ki resisite pou lavi pou tout tan se te Jezikri. Rezireksyon li a se yon prèv ke Bondye ap akonpli pwomès li pou tout pitit li yo, ki pral resisite nan dezyèm vini kris la epi pou ale viv pou tout tan ak Li. Nan transfòmasyon sa ke Bondye pral fè nan pitit li yo Li ap ba yo kò kap la pou tout tan epi ki pap janm mouri, yo rele sa "glorifikasyon" (Matye 28: 1-10, Travay 2:31; Jan 5:25).

S

SAKREMAN: Se siyal eksteryè de yon gras (kado) ke w resevwa nan men Bondye, ki eksprime pa yon lòd oubyen yon rit sakre ke kwayan patisipe ladan l'. De sakreman ke Kris la te mete e ke legliz nazareyen pratike se Batèm ak Sent Sèn (Matye 28:19; 26: 26-29). Gade BATÈM; KOMINYON; GRAS.

SALI: Sa fè referans ak aksyon Jezikri ki te mouri sou lakwa epi bay vi li an sakrifis pou padon peche tout limanite, pa mwayen Sali a, tout moun libere de kilpabilite yo ak konsekans lanmò pou tout tan an, si yo kwè nan Jezikri, aksepte pou vin disip li epi kontinye grandi nan lavi kretyèn nan (Lik 2:10-11; Matye 1: 21; 1 Korentyen 15:21-28; 1 Pyè 2:2). Gade REDANMSYON

SANNTIFYE: Yon moun ki te ranpli ak Sentespri a (Women 8:1-2).

SANTE DIVIN: Gerizon fizik ki fèt mirakilezman nan yon bat je osinon sou fòm etap pa etap pa mwayen men Bondye. Gerizon sa rive fèt an repons avèk lapriyè nan lafwa kwayan yo ak volonte Bondye. (Jan 4:46-53)

SATAN: Zanj malen, espri ènmi Bondye ak pitit li yo. Yo rele li "dyab"ak prens mond lan. Li egziste pou li ensite lòm nan rebelyon kont plan Bondye yo. Kris te vini pou mete fen nan pouvwa li epi ofri sèl chemen a lòm pou li soti nan esklavaj ke yo te ye. Dènye santans li pral rive nan dezyèm vini Jezi a, lè sa l'ap pèdi tout pouvwa pou li travay nan mond sa ansanm ak akolit li yo (1 Jan 3:8; an 12:31; Matye 25: 41; Lik 10:19.

SEMÈN SENT: Semèn kote ke yo komemore evènman yo ki te pase pandan krisifiksyon, lanmò ak rezireksyon Senyè Jezikris la. Li kòmanse dimanch Ramo epi li fini nan jou Pak la oubyen dimanch rezireksyon an.

SEMINÈ/ SEMINARIS: Sant detid biblik teolojik ak ministeryèl kote yo antrene lidè kretyen yo. Yon seminaris se yon etidyan nan seminè a. Gade CENETA/ETASEN.

SENTETE: Se esans Bondye menm, li menm ki san peche. Nan ansyen Kontra yo te konn itilize li pou tout moun oubyen ak tout objè ki konsakre ak sèvis Bondye. Nan Nouvo kontra yo atribye li ak Jezi ansanm ak manm legliz li yo. Sentete se yon kòmand-man Bondye pou tout pitit li yo pou yo ka viv lwen peche. Se yon netwayaj de peche orijinèl la nan kè n' yon mannyè pou ke nou kapab renmen Bondye ak tout kè nou ansanm ak pwochen nou yo (1 Tesalonisyen 4:3-7). Gade SANNTIFIKASYON; ANTYÈ SANNTIFIKASYON.

SENT SÈN: Gade KOMINYON

SENYÈ: Tit itilize souvan nan Nouvo Kontra pou konsidere Kris la kòm lanmou ak mèt lavi kretyen an ak legliz li a. Nan ansyen Testaman tou yo te atribye non sa ak Bondye Papa (Matye 11:25).

SENYÈRI KRIS LA: Gade SENYÈ

SENYÈ TOUT SENYÈ: Gade WA TOUT WA

SIRENTANDAN DISTRI: Se lidè yon jiridiksyon osinon yon distri nan legliz Nazareyen. Moun sa gen responsablite pou veye sou pastè legliz lokal yo ak lidè ministè yo nan distri a pou yo kapab avanse nan agrandisman wayòm Bondye a. Gade DISTRI.

SIRENTANDAN JENERAL: Legliz Nazareyen genyen yon sirentandan jeneral pou chak rejyon nan mond lan ki divize jeografikman pou rezon admitirativ. Yo eli nan asanble jeneral ki reyalize chak katran avèk delege ki soti nan tout distri yo. Sirentadan jeneral la gen kòm responsablite pou veye sou inite legliz la ak pou yo toujou kenbe menm doktrin biblik la. Yo regle bagay administrativ jiridiksyon yo a, dirije asanble distri epi bay lòd ministeryèl ak evèk yo epi dyak yo. Gade PRÈT YO

SOVÈ: Gade REDANMTÈ

SOUPE SENYÈ A: Gade definisyon KOMINYON

TALAN: Lajan ke yo te konn itilize nan tan Jezi. Li te itilize li pou li te ka montre responsablite ak fidelite chak moun genyen pou li yon bon administratè de sa ke li resevwa nan men Kreyatè a (Matye 25:14-30).

TANP: Edifis oubyen kote kretyen yo fè reyinyon pou adore Bondye epi resevwa ansèyman de pawòl la. Nan bib la li fè referans tou ak kò imen kretyen an kòm tanp Sentespri a (1 Korentyen 3: 16-17; 2 Korentyen 6:16).

TANTASYON: Ensitasyon pou fè sa ki mal (peche) ki kapab vini de satan, osinon lòt moun, de move dezi egoyis de yon moun, oubyen de move abitid ou te aprann (Jak 1:12).

TEMWANYAJ: Kominikasyon de eksperyans pèsonèl konsènan relasyon avèk Jezi epi benefis li resevwa granmesi relasyon sa a. Temwanyaj kretyen an se enstriman ki pi efikas pou lòt moun yo kapab konnen Kris. Jezi te òdone ak tout disip li yo ke yo dwe vin temwen li.Kretyen yo bay temwanyaj ak lòt kretyen yo tou de benediksyon yo resevwa nan men Bondye; nan objektif pou ankouraje youn ak lòt epi motive youn ak lòt pou grandi nan lavi kretyèn nan (Travay 2:32)

TEOLOJI: Se syans ki gen pou objektif etidye, konprann epi ansenye konsènan Bondye ak relasyon li avèk lòm.

TONBE, TONBE NAN PECHE: Se ak peche osinon retounen nan vi peche a apre ou fin konvèti. (Jeremi 2:19, 14:7)

TRINITE: Non ke divinite a resevwa pou dekri inyon twa pèsòn yo: Papa a, Pitit la ak Sentespri a. Twa pèson sa yo rete pou tout tan nan yon relasyon pafèt epi patisipe nan plan sen Bondye a pou chape lòm de peche epi restore li nan kominyon pafèt ak Bondye.

TWOUPO: Yo itilize li nan okazyon pou fè referans ak gwoup fidèl yo ki anba responsablite yon pastè. Se yon figi sitwayen yo chwazi nan tan biblik yo pou fè konprann ke gadò a pran swen mouton li yo. Ou souvan rankontre figi sa nan bib la ki konpare pèp Izrayèl la ak legliz la tankou yon twoupo, ki bezwen yon gid. Lidè yo, yo te konn rele yo gadò epi fonksyon prensipal yo se te veye sou byenèt twoupo a, epi pou rann kont ak Bondye limenm ki se tèt twoupo a (Jan 21:15). Gade PASTÈ.

W

WA TOUT WA: Youn nan tit Kris yo, ki fè referans ak otorite li ak pouvwa san limit li sou tout lòt otorite ki ta ka egziste nan inivè a. Kòm WA TOUT WA, Li gen pou jije tout lidè nasyon yo, dapre pèfòmans yo nan responsablite yo. Labib di nou ke tout pouvwa soti nan pouvwa diven an epi nan jijman final la tout moun ki nan fonksyon gouvènman pral jije pa Kris la, selon lwa ak prensip rèy Bondye (Revelasyon 17: 14). Gade RÈY BONDYE; DEZYÈM VINI KRIS LA.

WEN AK LWIL: Se yon tradisyon kretyèn ki soti nan relijyon jwif la (Jidayis) ki gen ladan l' vide yon ti lwil sou yon moun ki malad pandan yap priye pou li jwenn gerizon. Nan tan ansyen testaman an yo te konn vide lwil lè yo ap konsakre yon moun pou yon sèvis espesyal pou Bondye. Lwil la se senbòl Sentespri a, li menm ki bay kapasite espiriyèl pou rive akonpli travay ke Bondye bay lòd pou fè a. Sentespri a se li tou ki opere sante nan malad yo nan obeyisans volonte Bondye ak repons lapriyè pèp li a (Jak 5:14-15). Gade SANTE DIVIN.

Z

ZANJ: Èt espirityèl kap sèvi Bondye. Nan kèk okazyon zanj yo pote mesaj Bondye voye bay pitit li yo (Matye 24:31; 28:2, 5; Lik 1:18-19)

Kle pou yon lavi Kretyèn nan Labondans
Resous Adisyonèl

Nivo B2 – De Batèm a Manm

SA NOU MENM NAZAREYEN NOU KWÈ

Mónica E. Mastronardi de Fernández

Entwodiksyon

Jodi a nan mwayen kominikasyon yo, nan liv, nan misik, menm nan sant edikatif yo yap bonbade moun ak yon seri lide tankou:

1. Pa kite pèsonn ba w limit, di w sa w dwe fè ak sa ou dwe sispann fè oubyen pa vin kite Bondye di w kòman ou dwe viv.

2. Li bon pou kwè nan yon dye, toujou e lè la fwa ou genyen an ede w fè pwogrè sosyal ak ekonomik nou ka di wap chwazi yon Dye d'aprè imaj ou, e ki sanble avè w e ou ka fèl tounen sèvitè ou.

3. Tout sa w ye, tout sa w posede nan vi sa a se pwòp efò pèsonèl ak talan ke w genyen ki pèmèt ou benefisye yo "ou ka di"Bondye pa ba w anyen ou pa dwe li anyen konsa ou pa bezwen Bondye nan la vi w.

4. Sak bon an se sak fè w santi w byen an oubyen « santiman w yo se yo ki dye w, wap viv pou satisfè dezi ou yo e wap santi w byen alèz ». An reyalite pa gen pyès anyen ki nouvo nan lide sa yo. Tout lide sa yo soti depi nan jaden dedèn.. Satan te antre nan sèpan pou l te tante EV, lè li te envite l ak menm lide sa yo: satisfè dezi w ak santiman ou, Fè pwòp sa ou vle. Ou pa bezwen tande lòd Kreyatè a, pa gen anyen mal kap rive (Gen.3:1-6).

Depi lè sa a jiska jounen jodi a, kèk moun pito kreye pwòp dye yo olye pou yo konstwi vi yo nan obeyisans pawòl Bondye ki revele pa mwayen pitit li a Jezikri ak nan pawòl li (1Tim 3:9).

Legliz kretyèn nan depi l te fenk fonde, te toujou ap batay kont lide kontrè sa yo ki tap chache antre anndan legliz yo, legliz ap toujou anseye manm li yo la verite sou pawòl Bondye revele, ki se bon doktrin nan (Tit 1:1; 2 tim 4:1-5) plis tan ap pase plis li enpòtan nan istwa legliz pou nou mete kanpe règ fondamental oubyen yon kredo (ki se konsyans legliz la) pou nou kapab kontrekare move ansèyman ki kontrè ak pawòl Bondye a.

Legliz nazareyen an, menm jan ak lòt legliz kretyèn yo, mete kanpe yon lis doktrin biblik ki fondamantal oubyen atik ki pale sou lafwa ki eksplike sou fòm rezime epi ki byen aranje sou vrè ansèyman pawòl la. Doktrin sa yo ede kwayan yo konnen fasilman kwayans sa yo ki pa gen fondman nan verite ki ekri nan bib la. Nou espere ke moun legliz nazareyen va resevwa kòm manm, va konfese an piblik devan tout asanble a ke yo aksepte atik sou la fwa, epi yo ap fè efò pou viv dapre ansèyman sa yo. Pou legliz nazareyen li enpòtan anpil pou anseye manm yo pou yo viv dapre volonte Bondye. Paske vin disip kris la, se pa Selman chanje opinion ou sou kèk bagay men se pou genyen yon vi nouvo. Ti kras pa ti kras kretyen an ap wè ke tout bagay chanje nan la vi li pandan lap etidye pawòl la, nan la priyè, nan anseyman lap resevwa nan legliz li ye a e travay sentespri a ap fè nan la vi li. Tanzantan konesans li nan pawòl la ap ògmante, pawòl vivan e ki gen tout pouvwa ap transfòme la vi moun nan.. Kòm rezilta wap wè la vi w gen yon lòt oriantasyon ; ou vin gen lòt atitid ; ou panse yon lòt jan ; santiman w chanje, ou vin fè kèk bagay ou pat konn fè anvan, ou vin kite kèk bagay ou te konn fè anvan. Pandan nap kontinye nan liv sa nap jwenn 16 atik sou la fwa ki pa diferan ak sa ki di nan manyèl legliz nazareyen an, e wap jwenn yon kòmantè kap bay eksplikasyon ak referans vèsè biblik ak kèk règ sou ki jan kretyen an ka viv e pou ministè legliz lokal la.

I. DYE AN TWA PÈSÒN

Nou kwè nan yon sèl Dye ki la pou tout tan e ki pa gen fen, kap domine sou tout linivè: Ke li se sèl Dye, Kreyatè, administratè, ki sen natirèlman, ki gen tout bagay e ki bay tout bagay; Li se Dye an twa pèsòn ki revele l kòm Papa Pitit la ak Lespri sen an.

1. Bondye se yon sèl : Bib la revele nou egzistans yon sèl vrè Dye e li kondane tout entansyon yon moun ki ta konsidere nenpòt bagay ke li kreye kòm dye li (1).

Paske gen yon sèl Bondye, tout moun ki mete lavi li ak desten li nan men yon lòt dye fè gwo erè (Det 32: 37-38; Ezayi 45:20; Jeremi 10:5). Bagay sa moun nan pran pou dye a se kapab pwòp tèt li, lòt moun ki vivan oubyen moun ki mounri (travay 14 : 8-14). Gen kèk moun se yon bèt oubyen yon pye bwa, kèk bagay Bondye kreye nan linivè a (Det 4:19), Kèk espri (Zanj oubyen denmon) oubyen imaj ki reprezante bagay sa yo (Jeremi 16 : 20

; 1 Korentyen 10 :20' Apo 22 :8 -9).

Kèlkeswa moun yo ta pran pou dye a, tout pouvwa l te ka genyen oubyen tout mirak ke li te ka fè pou moun ka kwè nan li yo, li pap janm kapab menm jan avèk sèl vrè Dye a.

Tout dye sa yo, si yo ta dwe rele yo dye, yo se dye pou sèlman moun ki kwè nan yo a (Ezayi 46 : 2-7 ; Oze 9 :10). Nan bib la yo rele yo tou « zidòl », « imaj taye », « dye lòt nasyon yo », « dye etranje ». Kwè ladan yo sa rele idolatri e moun ki kwè a rele idolat.

Yo kondane tou kèk lòt fòm idolatri tankou : moun ki renmen lajan anpil anpil (Efezyen 5 :5) moun ki ale konsilte divinò, majisyen oubyen ougan (2 kronik 33 :6 ; Naomi 3 :4) oroskòp (Jeremi 10 : 2-3) ; vanite (Jeremi 18 : 15), Fè priyè, sakrifis ak chante kantik pou imaj taye (Ezayi 44 :17; Oze 14 :3).

Enpòtans premye atik sa ki dekri kiyès ki se sèl vrè Dye a. Sa kapab ede n fè diferans ant fo dye nou sot site yo ak li menm ki la pou tout tan, infini, sen, souveren, se li ki kreye tout bagay , se li kap dirije tout bagay nan kreyasyon li a, li se kòmansman ak finisman tout bagay ki egziste.

2. Dye etènèl e enfini. Etènèl la vle di ke nan egzistans Bondye li pa gen komansman ni finisman. Se menm bagay la tou pou enfini an, Bondye toujou prezan tout kote nan linivè a (Jeremi 23 :23-24). Sa fèt konsa paske Bondye se Lespri, oubyen sa vle di ke Bondye pa gen yon kò moun ka touche (Jan 4 :24). Nan sans sa a pawòl la di nou ke Bondye toujou la avèk pitit li yo (Som.139 :7).

3. Dye se Kreyatè, Souveren ak Administratè inivè a. Nan Pawòl li Bondye revele ke li se mèt e senyè sou tout sa ki egziste (Deteronòm 6 :4-5). Sa se dwa li kòm kreyatè e mèt ki bay la vi a (Gen.1).

Tout kreyasyon an te vin egziste pa mwayen volonte li pou akonpli obektif li yo ki sen. Li kreye sik natirèl yo pou kenbe kreyasyon an nan lòd tankou gravite, fotosentèz (ki vle di transfòmasyon anidrid kabonik yo pou vin tounen oksijèn pou plant yo) , sik pou pirifye dlo (evaporasyon, kondansasyon epi lapli), la lin nan kap vire tounen anlè a menm li regle zafè mouvman lanmè a, direksyon van yo youn ak lòt. Bondye pa sèlman sous kote lavi a soti men se li menm ki fè lavi a kontinye, li kenbe li avèk pouvwa li. Se Tankou ou ka di yon machin bezwen gaz pou li mache menm jan an tou tout linivè a depann de Bondye pou 'l kontinye egziste.

4. Bondye sen an li menm, li sifi ak tèt li, li fè plan pou tout pitit li yo. Pawòl la di ke Bondye, se yon Dye ki sen e sentete sa a se pa yon kalite anplis li genyen men li fè pati de karatè li menm. (Lev.19 :2 ; Egzòd 15 :1 ; Som.22 :3 ; Jan 17 :11) Sa vle di nou ka rele Bondye Sen menm jan nou rele l Dye paske "Sen se non li" (Ezayi 57 :15 ; Lik 1 :49). Ki sa bib la vle di lè li di Bondye sen?

a) Premye bagay, Bondye sen sa vle di li apa oubyen li pa melanje ou ka di li pi wo kreyasyon an li sou tèt tout bagay nan majeste li ak nan glwa li. Prezans li se pwisans, sentete e majeste siprèm ki fè limanite tranble devan li.

Ansyen testaman bay temwanyaj sou Ezayi ak moyiz ke Bondye te pemèt yo wè li de lwen nan yon visyon sou glwa Bondye. Premye reyaksyon pwofèt Ezayi te genyen devan mayifisans e grandè prezans Bondye se te tranble li tap tranble tèlman li te pè: sa se yon malè pou mwen, mwen pral mouri jodi a... Pwofèt la te fè yon kri paske li te santi li pat bon ditou pou l te trouve l fas a fas ak sentete kreyatè a (Ez.6 :3-5) Moyiz tap louwe Bondye aprè li te fin pase yon tan nan prezans li, li tap di : kiyès ki tankou w O Jeova pami dye yo? kiyès ki tankou ou nan gran sentete ou ? (Egzòd 15 :11).

Tout kwayan dwe toujou gen krent ak gran respè pou Seyè a e plis toujou lè l'ap antre nan prezans Bondye , lè wap la priyè , lè ou nan yon tanp oubyen yon kote wap bay Bondye glwa e aprann pawòl li. Bondye se souveren ki sen tout tan nan lavi li.

b) Dezyèmman, pawòl sen an di nou kòman Bondye pi , li pafè e li jis nan tout bagay. Bondye jis nan tout entansyon ' l ak nan desizyon Li. Tout plan Bondye pou limanite se bagay ki pafè. Sentete se opoze ak sa ki mal. Paske Li sen li pa ka tolere bagay ki mal ni anyen ki kontamine ak peche pa ka gen relasyon avè 'l ni rete tou prè 'l. Se poutèt sa a lè Adan ak Èv te dezobeyi Bondye, yo pat ka rete nan prezans li san yo pa santi yo wont epi gen lapèrèz. Bondye rayi peche men li renmen pechè a paske li se lanmou. Pou rezon sa a li toujou ap chache mwayen pou montre lanmou li pou kreyati li yo. Li ofri padon Li san limit ak tout moun ki vle (Jan.3 :16). Menm vagabon ki pi mal la Bondye gen menm amou sen sa a pou li. Bondye vle sove limanite epi retire yo nan peche, paske peche ap mennen yo nan lanmò ak nan soufrans pou tout tan e Bondye pa vle sa pou kreyati li yo. Okontrè Bondye vle tout pitit li yo vin pataje sentete li a (Ezayi 5 :16 ; 6 :1-7 ; 40 :18-31).

5. Bondye an twa pèsòn. La bib di nou ke Bondye se yon Dye an twa pèsòn diferan : Bondye papa a, Jezi kris pitit la ak Lespri sen an. Menm si se twa pèsòn diferan, men yo tout se yon sèl e menm Dye a. Li pa fasil pou moun konprann relasyon sen sa a ant papa, pitit la ak Lespri sen an. Se youn nan mistè Bondye ke pawòl la fè silans sou li e se sèlman pa lafwa nou ka asepte l. Tout moun kapab konnen twa (3) pèsòn sa yo nan divinite a : lè wap fè eksperyans avèk lanmou, padon ak lè yo asepte papa a ; sove gras ak piti la Jezi kri e swiv bon egzanp li yo pou ou ka rive nan lavi pou tout tan ; epi pran kòm konpayon Lespri sen an ki ap ede yo viv chak jou nan volonte Bondye. (Mt.3 :16-17 ; 28 :19-20; Jan 14: 6-27 ;1 korentyen 8 :6 ; 2 korentyen.13 :14 ;Gal.4 :4-6 ;Ef.2 :13-18).

II. JEZI KRIS

Nou kwè nan Jezikri, dezyèm pèsòn nan trinite diven an ; li menm ak papa a se yon sèl pou toutan, li vin fèt nan lachè pa pouvwa sentespri a e li pase nan vant vyèj Mari, li vin gen de nati konplè e pafè sa vle di nati diven ak nati imèn , ki ini nan yon sèl moun nan ,vrè Dye ak vrè òm nan , Dye-òm. Nou kwè ke Jezikri te mouri pou peche nou, e li te reyèlman leve soti pami mò yo e li pran yon lòt fwa kò li ak tout sa ki ladan l nòmalman nan nati imèn nan, avek kò sa li te monte nan syèl e kote li ye a lap defann kòz nou.

1. La fwa nan Kris se kwayans sa a ki fè konnen ke nou se krisyanis. Men se pa tout gwoup ki bay tèt yo non kretyen ki asepte kris la jan bib la di l la. Pa egzanp : nou jwenn temwen jewova yo, yo pa kwè nan divinite kris la ; mòmon yo pa kwè ke jezi te fèt pa pouvwa Lespri sen an; Katolik womèn yo menm yo kwè nan divinite jezikri men yo bay Mari plas moun kap defann yo bò kote Bondye ke la bib pa revele pyès kote, ki lakòz yo devye adorasyon kwayan yo pou sèl medyatè ant Bondye e lèzòm nan ki se : Jezikri (travay 4 : 10-12; 1 Timote 2 : 5-6).

Gen moun ki kwè ke Bondye pa bezwen konnen nan ki Kris ou kwè oubyen nan ki Dye ou kwè, sèlman depi moun nan se yon bon moun e fè sa ki byen. Sa se pa vrè ditou paske Bondye travay pou revele kiyès li ye pa mwayen pawòl li e pawòl vivan li ki se Jezikri. Konsepsyon kwayan genyen de Bondye oubyen de Kris pral parèt nan jan li santi l, jan li panse, jan li kondi tèt li ak Bondye, ak sanblab li yo e ak tout moun nan antouraj li. Atik sa a reponn a kesyon sa a ki se : Kiyès Jezikri ye e pouki sa li te vini sou la tè dapre bib la ?

2. Depi nan letènite Jezikri te toujou yon sèl ak papa li.

Apòt Jan kòmanse biyografi lap fè sou Jezi a lè l'ap di kiyès jezi ye, li di depi nan kòmansman se te pawòl la, pawòl la te avèk Bondye e pawòl la se Bondye menm (Jan 1 :1) li kontinye di nan levanjil la menm pawòl sa se sèl pitit Bondye li ye , e li te toujou la a kote papa a depi tout tan (2) , li te vini sou tè a sou fòm moun, pou l' te kapab tounen sèl mwayen pou lòm ka Jwenn Sali etènèl la (Jan 3 :16).

Nan nouvo kontra a, bib la di anpil fwa ke kris la se Bondye menm li ye e anpil fwa moun yo ki ekri nouvo kontra a pale de anpil vèsè nan ansyen kontra ke Bondye te konn rele kris la Seyè a oubyen nan lang Ebre a «Yahweh » (3) Men akòz dezyèm komandman an (Exòd 20 :7) jwif yo te pè prononse non sakre sa a, yo te kòmanse rele l « Senyè oubyen lang grèk la « Kurios » .Lè premye kretyen yo (te gen ansyen kontra ki te ekri nan lang grèk la) yo te konn rele kris la « senyè » Lè sa yo tap pale de menm Bondye vivan (travay 2 :21) ; Fil 2:9).

Menm jan an tou pwofèt yo nan ansyen kontra a te konn itilize mo « senyè » pou pale de mesi a ki gen pou vini an , ti mouton Bondye pral voye a, tankou yon sakrifis pafè pou efase peche tout moun sou la tè. Tankou pwofèt Ezayi di : prepare chemen an pou Senyè a... (Ezayi 40 :3) .

Pa gen kote pou moun fè dout nan bib la pou mande si Jezikri se Bondye, paske bib la pale trè klè ke jezi se menm Bondye a, e la vi li pat kòmanse nan moman ke Lespri te travay pou fèl pase nan vant vyèj Mari tankou yon ti gason , men Jezi se Dye, li se manm diven trinite a, Li diy pou li resvwa adorasyon (Travay.7 :59-60 ; Ap. 5:12-12) e padone peche (Mt.2 :5-10 ;lik5 :20-24 ;Travay.5 :31). Tankou Bondye li genyen tout karakteristik diven ki sot site nan atik 1 an.

3. Jezi kris Dye-òm. Yon mirak ki te fèt yon sèl fwa nan istwa limanite, yon jèn fi ke Bondye te chwazi ki te rele Mari pou te pote nan vant li ti gason sa a ki te gen de nati diferan, yon nati diven ak yon nati imèn (Mt.1 :18-25; lik1 :26-38). Non li se Jezi oubyen " sovè a", pitit Bondye a ki te asepte ak tout volonte l mete de kote pou yon tan kèk dwa li genyen antan ke Bondye e vin desann sou la tè a li pran fòm youn nan kreyati li yo (Filipyen.2:5-8).

Evangelis yo rakonte kòman Jezi genyen de nati. Nan nati sa yo, youn pa remplase lòt. Antanke òm li soufri grangou, li te konn swaf, li te konn fatige, li te konn gen domi, li te konn pran desepsyon, doulè e menm pase nan lanmò. Antanke Dye, li padone peche, li chase demon, li kalme tanpèt li konnen tout sa kap pase nan kè moun (Kol.1 :12-22). Antanke òm satan te vin tante li nan lide pou devye l nan misyon li te vin akonpli a (Mt 4 :1-11 ; Ebre 4 :15-16).

Pa rekonèt ke Kris la se te moun bay menm move rezilta ak si ou ta di ke li pa Dye, paske se nan vi li tap mennen antanke moun li kite egzanp pou n konnen kòman pou nou viv dapre volonte Bondye nan mitan yon mond ki pou ri ak peche (Travay 2 :22-36 ; 1 Jan.1 :1-3 ;4 :2-3 ;15)

4. Jezi tap viv, li te mouri e li te resisite. Non Jezikri a eksprime nati misyon li a. Ki vin bay nesans ak de mo sa yo : Jezi epi Kris. Kris se yon tèm grèk yo itilize pou mesi, mo ebre ki vle di Senyè , ki se Bondye menm ki vini nan mond lan pou l sove kreyati li yo nan peche ak konsekans peche yo (Mt16 :15-16) Jezi se non Bondye ki vin fèt moun e li koresponn ak sovè a.

Se sa ki fè non Senyè jezi kris nou an fè nou sonje ke li se Senyè nou an (Bondye menm) ki vin fèt pran non Jezi (ki vle di sovè) konsa li libere pèp li a anba pouvwa peche.

Jezi kris nan premye misyon li an, lè l te vini premye fwa sou tè a li te fè tout sa papa li te mande l :

a) Jezi te di moun yo tout verite sou Bondye, li di pawòl vin tounen moun, li te viv nan mitan nou, li te gen anpil amou e verite (Jn.1 :14VP).

b) Verite li tap anseye a, li tap viv li, li te bay bon egzanp nan jan li tap viv konsa li te tounen yon modèl pafè , kòman pou moun viv sen, pou tout disip li yo ; pou tout sa ki te la avè l,e tout sa kap vin tounen disip li akòz pawòl la nan toutan (Mt11 :27

;Jn1 :18 ;14 :9 ;Ebre 1 ; 1 Pyè 2 :19-25).

c) Jezi te mouri pou li retire limanite anba pouvwa peche (Mak10 :45). Jistis diven an te bay vèdik depi aprè kreyasyon an, santans lan se tout moun ki kontamine ak peche pral nan lanmò Etènèl e yap separe pou toutan de prezans Bondye. Kondanasyon sa a se pou tout moun sou la tè, men moun ka jwenn padon Pou peche yo, sèlman pa pri sa a, jistis diven an te mande a ki se san Jezi pitit Bondye a, ki te koule a, se san sa a ki peye dèt peche a.sakrifis sa a pat ka sòti yon lòt kote, tankou pou vèsè san yon moun, bèt paske tout limanite te gentan kouvri anba malediksyon ki se yon tach. Sèlman Bondye ki te ka voye yon ti mouton san tach, e mouton sa Bondye te voye a se te Jezi kris (2ko.5 :21).

d) Resisite sa vle di kò li te mouri a vin rejenere pou li ka al viv etènèlman (Mt.28 :6-7 ; Travay.10 :39-40) Lè pitit Bondye a te vin resisite, li te tounen al jwenn papa l , pou l te kontinye ranpli ròl li, ki se Senyè tout linivè a , li te al reprann tout karaktè diven li te genyen an e li te kite l ak tout volonte l pou yon ti moman (Rom.8 :32-34 ;kol.3 :1-3). Resireksyon se mete fen ak pouvwa lanmò ak dominasyon satan sou limanite (2ko.5 :14-15 ; Ap.1 :18) Lè Jezi Kris monte nan syèl la , li pwomèt lap tounen yon lòt fwa ankò , pou li vin chache tout disip li yo nan tout jenerasyon viv avè l etènèlman (Jn14 :1-3 ;1Ti.6 :14-16).

III. LESPRI SEN AN

Nou kwè nan Lespri sen an ki se twazyèm pèsòn nan trinite diven an, li te toujou la ap aji avèk anpil efikasite nan leglis Kris la, e li vin fè yon sèl avèk legliz kris la, li ap fè moun yo konnen peche yo, li rejenere sa ki repanti yo e ki kwè nan Kris la, li santifye kwayan yo e li gide yo nan verite a sou Senyè JeziKri.

1. Lespri a se yon pèsòn. Daprè bib la atik sou la fwa sa yo nou pibliye a deklare ke Lespri sen se yon pèsòn nan trinite diven an, konsa li ranpli yon wòl ki enpòtan anpil pou sali kwayan yo, gen moun ki refize konpran n ke sentespri se yon pèsòn tankou papa a ak pitit la. Temwen jewova yo pa egzanp di ke sentespri se fòs Bondye sa vle di se ak fòs sa a li aji oubyen se pwisans ke Bondye egzèse. Mòmon yo di ke se yon bagay ki sen e ki gaye nan tout espas la. Kèk Tewolojyen modèn di ke Lespri Sen a se konsyans chak moun. Legliz yo rele legliz inite bò kote pa yo, yo di ke Lespri sen an se yon mèt ki andedan kè chak moun ki kwè, li vin ranplase bib la andedan kè yo pou l kapab revele lòt verite tou nèf ke jezi pat anseye.

2. Lespri sen an fè ou rekonèt peche. San èd Lespri sen an pyès moun pa ka santi doulè pou peche kè yo komèt. Pa mwayen ansèyman bib la, predikasyon, bon egzanp epi ede lòt moun legliz la ansanm ak sentespri a ap ede moun kap fè peche yo, pou yo repanti de peche e kòmanse viv tankou disip kris la (Jn16 :7-11 ; Ap 22 :17

3. Lespri sen an ap rejenere moun ki repanti yo. Rejenere vle di ba ou yon nouvo vi, fèt yon lòt fwa ankò .Moun ki repanti de peche yo kap chache a tout kè l padon Bondye e ki kwè ke san kris la lave yo de tout peche, yo vi n gen yon nouvèl vi. Kounye a yo pap viv pou satisfè pròp dezi egoyis pa yo men pou yo viv pou sèvi Bondye. Se sentespri a ki fè mirak sa a nan kè moun sa yo, e ba yo an vi pou yo viv lwen peche ki te mete yo nan esclavaj (Jn3 :1-6 ; Rom.8 :9).

4. Senntespri ap kondwi kwayan nan verite (Rom.8 :14). Sentespri a vin abite nan la vi nouvo kwayan tankou yon gid pou fèl grandi nan nouvèl vi nan kris la (Jn7 :38-39 ;1 Tesalonisyen.4 :7-8 ;1Jn.3 :24 ;4 :13).Pou l ka akonpli plan bondye a tankou yon konseye (Jn.14 :26 ;16 :13) kòm yon konsolasyon (Jn14 :16) ; Fòtifye kwayan (Travay 9 :31) ; pataje lanmou Bondye a (Ef.35.

5. Sanntifikasyon kwayan yo. Pandan kwayan ap grandi nan konesans pawòl Bondye a li dwe fè efò pou li viv lwen peche e proche l plis bò kris la. Se sentespri a kap netwaye kè kwayan lè li bay tout limenm nan travay Senyè a (Jn 14 :16 -17; Travay 16: 8-9 ; 2 Tesalonisyen 2: 13). Eksperyans sa a li pi eksplike an detay nan atik V ak X la.

6. Gid pou legliz la nan responsablite li genyen pou li fè disip pou kris la nan tout nasyon yo (Mt 28: 18-20). Legliz la dwe sansib pou l koute Lespri sen an nan direksyon lap chache pou li planifye estratéji pou l ka fè disip pou kris la nan jan li dwe fè l, pa mwayen priyè ak etid pawòl la toutan (Travay 9: 31;15:28)

IV. EKRITI SAKRE YO

Nou kwè pawòl sakre sa yo ki nan bib la se enspirasyon divin ke yo ye, e nou konprann ke 66 liv nan ansyen ak nouvo kontra se pawòl Bondye, yo revele san erè volonte Bondye Fas a nou menm pou l kapab sove nou, nan sans sa a nou pa ka mete ekriti sa yo tankou nenpòt istwa Ke moun ap rakonte ke w pa ka fè pyès konfyans.

1. Legliz Nazareyen an kwè ke bib la se pawòl Bondye. Moun ki te ekri liv sa yo se Bondye ki te ba yo enspirasyon, se li menm ki gide yo , pou bay moun sou la tè tout ansèyman pou yo kapab viv e obeyi kreyatè a. Bondye bay yon gid pafè pou moun ki vle viv chak jou nan sentete kapab swiv egzanp Jezikris (Lik 14 :44-47 ; 1 Korentyen 15 : 3-4 ; 2 Timote 3 :15-17 ; 2Pyè 1 :20-21). Moun sa yo ki te ekri bib la pat janm pèdi pèsonalite yo ,e yo pat ensansib ak sitiyasyon moun yo ki tap viv nan tan pa yo a.Yo te bay mesay pawòl Bondye a ak tout moun yo, men gen ladan yo ki panse mesaj biblik sa bon pou moman sa a. Menm si tan an chanje moun kap fè peche ap kontinye fè peche men volonte Bondye pou moun sou latè pa chanje , paske Bondye se menm nan li ye yè, jodi a e pou toutan. Moun kapab chanje, men volonte Kreyatè a pou lòm pap janm chanje.

Se yon sèl verite a ye, poutan se pa tout legliz yo ki asepte otorite li a menm jan tankou sèl règ pou moun swiv pou la fwa yo. Legliz sa yo mete la fwa yo ak jan yo aji anba pouvwa lòt otorite sa vle di, liv sa yo se pa enspirasyon Bondye yo ye :

a. Eksperyans endividyèl ak pèsonèl.

b. Eksperyans yon gwoup moun ansanm oubyen sa yo jwenn de lòt gwoup kwayan.

c. Enfliyans Lòt otorite tankou opinyon gwo lidè eklezyas-tik yo oubyen fondatè yon legliz patikilye. Men Kèk egzanp nou ka bay de yo : legliz katolik womèn nan konsidere ke pawòl pap la gen menm otorite ak pawòl nan bib la. Yo pra-tike doktrin ak lòt pawòl ki pa soti nan bib la, tankou yon pigatwa ki egziste yap adore mò yo di ki vin tounen sen, ak anpil lòt bagay ki pa nan bib la. Se menm bagay ki rive pou kèk lòt group tankou mòmon yo ak temwen jewova yo ki mete lide ak ansèyman fondatè legliz sa yo pi wo sa vle di ki gen plis valè ke sa ki ekri nan bib la.

2. Legliz nazareyen aksepte 66 liv ki ekri nan bib la, ke se pawòl ki enspire pa Bondye yo ye lòt legliz potestan aksepte lòt ide sa tou. Legliz katolik womèn itilize lòt liv ki pa nan bib la, yo rele yo « apokrif » sa vle di. Liv sa yo pa enspire.

V. PECHE ORIJINÈL AK PECHE PÈSONÈL

Nou kwè ke peche antre nan mond lan akoz dezobeyisans premye paran yo, epi konsekans peche a bay lanmo. Nou kwè ke genyen 2 kalite peche :peche ki vini akoz dezobeyisans premye paran nou yo, ki se peche originèl oubyen depravasyon, peche yon moun ap fè oubyen pèsonèl.

a) Nou kwe ke peche originèl obyen depravasyon se kòripsyon natirèl tout moun ki soti nan ras Adan, se pou tèt sa tout moun separe de jistis divin nan, yo vin enpi , yo vin pèdi sentete ke premye paran nou yo te genyen anvan dezobeyisans la lè bondye te fenk kreye yo a, nou vinn tounen ennmi bondye e nou pa genyen la vi espirityel , chak jou nap panse mal e nap kontinye fè peche pi plis . Nou kwè ke peche original la kontinye nan la vi nouvo kwayan jiskaske li resevwa batèm sentespri a.

b) Nou kwè ke peche orijinèl la pa menm ak peche moun ap fè chak jou a , paske peche originèl se yon eritaj grand paran nou yo ke pèsonn pa responsab, peche sa yo va soti jiskaske nou jwenn padon sentespri a pa mwayen batèm.

c) Nou kwè ke peche aktyèl oubyen peche pèsonèl la, se lè gen vyolasyon yon lwa ke Bondye bay ke yon moun ak tout moral li santi li responsab. Poutan, nou pa dwe konfonn li avek fay envolontè oubyen ke n pat ka evite, feblès , mankman, erè, echèk ak tout lòt elwayman , de bon kondwit yon moun dwe genyen , bagay sa yo se rezilta jaden deden nan yo ye. sepandan , fot sa yo pa fè yon moun peche kont lespri jezi kris la,sa yo rele peche lespri a. Nou kwè peche pesonèl la se esansyèlman yon vyolasyon de lwa lanmou an, lè yon moun gen relasyon ak Kris, peche kapab defini kòm enkredilite.

1. PECHE ORIGINÈL. Tout moun sou tè a genyen yon sèl eritaj , ki gen ladan l dezi pou fè sa ki mal (mal la opoze ak sa Bondye vle).Tout moun sou tè a kontamine ak peche Adan ak Èv, premye paran nou yo (Jenèz 2:16-17; Som:51:5) . Bib la di nou ke peche se yon maladi mòtèl, kap detwi limanite, non sèlman li bay lanmò fizik, men tou li bay lanmò espirityèl (Wom.5:12).

Depi peche te rantre nan lòm nan, limanite pèdi eta sentete ke Bondye te ba li a, lè Bondye fenk kreye lòm avek imaj li ak resanblans li, li kraze. Nou ka konprann sa pi byen , lè nou konpare Adan ak Èv tankou yon miwa ki reflete tout pèfeksyon divin nan

nan lavi yo. Peche a se wòch ki kraze miwa sa a, sèlman rete kèk moso nan miwa sa ki bay tras imaj Bondye a ki pa pedi nan lòm, se sak fè moun san Kris kapab fè kèk bon bagay tankou: renmen, padone ,gen kè sansib , ede moun kap soufri , fè la charite ak anpil lòt bagay ankò.

Konsyans chak moun genyen se yon aspè imaj Bondye ki vin sèvi anpil fwa tankou yon fwen pou anpeche moun fè sa ki mal. Konsyans menm si li kontamine ak peche originèl la, anpil fwa li tankou yon klòch kap sonnen nan zorèy lòm pou akize l de tout bagay mal yo. Men moun ki vle kontinye ap fè bagay ki mal, yo fè tankou yo pa konprann vwa sa a ki andedan yo a, jiskaske Yo toufe l nèt ale. Akote res sentete original la ki se eritaj bondye kreyatè a, tandans pou moun fè mal trè fò nan lòm, peche a ki se eritaj gran paran nou yo (mak 7:21-23). Li pa vrè ditou, lè yo di ke moun fèt tou bon se sosyete a ki fè yo vin pa bon (1 Jn 1:7-8). Li parèt trè klè, lè wap obsève konpòtman timoun piti, piti yo : kiyès ki aprann timoun yo pou yo dezobeyi? Pouki sa ti moun yo ap kache paran yo la verite lè yo fè yon bagay ki pa bon ? Menm si limanite pa responsab eta peche sa ki mennen l nan lanmò a, men li gen pou devwa pou chache solisyon pou li soti nan eta peche sa a, si l pa fè sa a l'ap pèdi la vi ki pap janm fini an. Pawòl Bondye a di, limanite malgre tout efò l'ap fè li pa ka sòti pou kont li nan eta peche sa a. Sèl chemen pou sòti nan kondisyon sa a, se remèt ou a seyè (1ko.15:22) li menm ki vle repare w pou l mete w, nan kondisyon originèl poul pataje sentete li a avèk ou .

Atik VI ak X bay detay sou ki jan Bondye rezoud pwoblèm sa nan Jezi Kris.

2. PECHE PÈSONÈL. Peche se tout bagay mal moun panse, sa li di, sa li fè ak tout volonte l ki kontrè ak volonte pa Bondye. Peche se bagay ki mal, paske li fè w ofanse sentete Bondye, li mete yon baryè ant limanite ak kreyatè a, peche a fèw viv lwen plan Bondye pou ou, kounyeya e pou tout letènite. Lè yon moun fè yon bagay ke Bondye pa vle, yo di li fè sa ki mal oubyen li aji mal paske li fè yon move aksyon, li chwazi fè sa ki mal nan plas fè sa ki byen (Mat 22 :36-40 ke nou pa konpare ak 1 jan 3: 4) Pou bondye peche pèsonèl la, se pa sèlman move aksyon yo, se tout bagay ki soti nan kè ak nan lespri yon moun, ki se bagay ki ka kondane moun sa devan Bondye.

Si yon moun ap vann pen sou balans li touche kòb yon kilo pen, eli bay moun nan 850 gram paske balans li a pa bon, sa vle di li pa bay moun nan tout kantite pen pou li ta ba li a. Li konnen se yon move aksyon ke li fè, aksyon li poze a se rezilta yon panse ki soti nan kè li, pou li fè bagay nan fè nwa. Si wap pase aksyon sa yo aklè nan limyè, ou ka poze kèk kesyon konsa : Pouki sa lap pase sou moun epi lap volè; sak fè li kontinye ap fè Bagay sa menm? Ki avantaj pèsonèl lap chèche? Se kapab lanmou pou lajan oubyen lanbisyon san mezi, se gwo anbisyon sa ye, lanmou lajan ak lanbisyon san mezi se peche devan bondye.

Poutèt sa pawòl Bondye bay kèk kalite peche pèsonèl tankou:

a) Move lide tankou lè moun nan gen anbisyon pou sa ki pa pou li, anbisyon pou li gen gwo pouvwa, anvi gen gran prestij ak anpil lòt bagay toujou.

b) Move santiman tankou rayi moun, jalouzi, chagren, renmen lajan.

c) Move abitid tankou: aji mal ak moun lè w pa vle wè moun nan poutèt ras li, sèks li, laj li, pou relijyon l oswa nenpòt lòt bagay ke w gade sou li pou rejte l.

d) Move panse, tankou panse mal sou yon moun san yon rezon valab, lide moun nan genyen pou l antre nan relasyon seksèl san rete, jalouzi lè w pa vle wè zafè lòt moun mache ak tout lòt bagay ki sanble ak sa yo.

e) Move pawòl tankou bay manti, di moun pawòl kap blese yo, kap ensilte yo, di moun mo sal kap blese santiman li, moke Bondye pase pawòl li nan betiz ak tout lòt aksyon ki sanble ak sa yo.

f) Move aksyon : tout mou kap viv kounyeya e ki ta viv nan tan ontan sou tè a fè kèk nan peche sa yo (Romen 3:10) tout moun sou la tè ta pèdi si Bondye pa fè plan Sali a pou limanite pa mwayen Jezi pitit li a ki te viv san peche sou tè a, li te pran plas tout pechè ki nan mond lan(women 3:23). N'ap bay plis detay sou sijè sa a nan atik VI ak IX.

VI. Ekspiyasyon

Nou kwè ke Jezi kri, nan soufrans li, pa mwayen san presye li ki te koule, epi pa mwayen lanmò li sou kwa li fè yon netwayaj total nan lave peche tout moun sou late e sakrifis sa se sèl chemen Sali e ki sifi pou chak moun ki soti nan ras Adan. Sakrifis Bondye fè ak tout mizèrikòd li a efikas e sifi pou sove tout moun ki pa responsab ak pou tout timoun nan inosans yo, men pou moun ki rive nan laj ki ka pran resonsabilite l, li efikas sèlman lè moun nan vin repanti epi kwè.

1. Sali a la pou tout moun. Sali a Bondye ofri pa mwayen pitit li a se pou tout moun ki kwè nan Jezi kri e ki ap swiv li (Jan 3 :16). Sali a se yon kado Bondye bay pa gras li ki vle di nan gran amou li. Amou sa ou pa ka achte l, travay pou genyen l osinon merite l. Gras la se yon kado bondye ofri a tout moun.

2. Ekspiyasyon. mo ekspiyasyon, se yon aksyon kote bondye moutre mizerikòd li, lè li padone peche yon moun ki repanti, lè l efase nan moun sa a tout peche li te fè yo, Jezi pran tout pinisyon ke peche sa yo te merite (Ezayi 53: 5,6,11, Mak 10:45 women 6:21-23, Galat 1:3-4 ; 3 :13-14; 1 Tim 2 :3-6; Ebre.2:9; 1 Jn.2: 1-2). Nan kèk tradiksyon yo fè nan bib la yo ranplase "ekspiyasyon" pa mo "pwopisyasyon" ki vle di menm bagay la (women 3:21-26) nan menm moman sa moun nan vin lib de tou fot peche li yo e li retabli relasyon li ak kreyatè a(1 Korentyen 6: 20, 2 Korentyen 5:14-21 kolosyen 1 :19-23).

Pou jwif nan ansyen ak nouvo kontra li te klè nan tèt yo sa ki konsène sakrifis pou fè le yon moun fè peche, pou yo pote peche sa a sou yon èt ki inosan. Nan menm sistèm sakrifis nan kil ebre yo, tout moun ki te repanti te pote bay prèt la yon ti mouton san defo pou sakrifye nan plas yo. Men san bèt sa yo pat kapab efase peche lòm. Sakrifis sa yo se te reprezantasyon sakrifis ke Bondye, nan tan li te fikse pou l voye ti mouton ki san defo a, Jezikris , pou li bay li kòm sakrifis pou peche tout moun (Jan 1 :29) Jan 3 :17 Wom 5: 6-8; 1 Pyè 1: 18-21).

3. Inosan yo. Ki moun Bondye libere pou fot peche li fè yo? La bib di Bondye pa pran koupab pou Inonsan (Naoum 1:3). Se menm jan tou li pa pran Inosan pou koupab, pami moun ki inosan sa yo (oubyen moun ki pa koupab pou mal yo fè) ou jwenn timoun piti (Matye 18:3; 19:14), Moun ki malad nan tèt ak moun ki gen seri maladi yo pa kab fè diferans ant sa ki byen ak sa ki mal.

VII. Plan gras la

Nou kwè ke kreyasyon ras imèn nan ki fèt ak imaj Bondye, te gen kapasite pou fè diferans ant sa ki byen ak sa ki mal, se pou tèt sa lòm te responsab zak li moralman. Avèk dezobeyisans Adan an lòm nan vin deprave, ki lakòz kounyeya li pa kapab ak pwòp fòs li ak zèv li genyen lafwa e pale ak Bondye. Men nou kwè ke gras Bondye a, avèk Jezi kris vin grastis pou tout moun, e ki penmèt ak tout moun ki vle, pou yo vire do bay peche epi jwenn jistis, pou yo kwè nan JeziKris epi resevwa padon epi netwaye yo de tout peche yo, epi kontinye fè sa ki byen nan je Bondye. Nou kwè ke tout moun, menm si yo eksperimante rejenerasyon ak sanntifikasyon nèt ale, kapab pase akote gras la e tonbe nan apostazi, si yo pa repanti de peche yo, yap pèdi pou toutan e san ankenn esperans.

1. Gras Bondye a se yon favè li fè ak tout moun gratis. Se pa ak pwòp efò pa w ke ou kapab jwenn padon Bondye a pou peche ke ou fè yo epi pirifye de peche ou eritye nan Adan men se pa mwayen gras Bondye (Efez.2:2-9; Tit2:11-14; 3:4-7).

2. Gras Bondye a gen tan ap travay nan lòm depi avan menm yo repanti. Jezi kris anseye disip li yo ke sentespri a kòmanse aji nan la vi moun anvan menm yo konvèti pou yo sove. Sentespri Bondye a ede pechè a vin jwenn kris, li fè yo rekonèt peche yo, e li travay nan vi yo pou yo ka mete la fwa yo nan sakrifis seyè a te fè pou yo a (Jn.16:8-9). Se Sentespri Bondye a ki chanje la vi w e fè w vin disip kris la, li fè w vin ap pataje la vi kris la epi akonpanye w tout koute ou ye epi anseye w pou viv yon jan ki dakò ak volonte Bondye. Se sentepri a ki jere gras Bondye a. Pwen sa a nap esplike li nan atik VIII la.

3. Koman yon moun ki jwen padon Bondye a dwe viv pou l pa pèdi Sali Bondye ba li a ? Volonte Bondye pou tout pitit li yo se pou yo viv yon fason ki sen (1 pyè 3:15). Yon kretyen kap kontinye viv nan vye abitid peche oubyen ki fè peche dwe repanti e si li pa repanti lap pèdi Sali a ak la vi pou toutan an (Filip.2:12; 1 ko.9:27). Pwomes la vi etènèl la se pou tout moun ki pèsevere kòm disip Kris la jiskaske li mouri (Revelasyon.2:10).

4. Apostazi vle di sispann kwè nan Bondye abandone la fwa, tounen nan peche ou vin separe de kris lan e ak fanmi Bondye a ki se (legliz la).

VIII. REPANTANS LA

Nou kwè Repantans la se yon chanjman sensè e radikal de yon aksyon ki gen rapò ak peche, lè yon moun rekonèt peche a e li separe ak tout kè li de peche a. Lespri Bondye a bay tout moun ki vle repanti èd li bezwen pou chanje kè l ak esperans nan mizèrikòd li , pou l ka kwè epi resevwa padon ak vi espirityèl la.

1. Ki sa repantans lan ye ? Repantans se lè you moun santi yon doulè nan kè l pou fòt ke li te fè yo, li mande Bondye padon pou fòt sa yo, e li pran dezisyon ak kè li, pou li kite fè sa ki pa bon e kòmanse yon lòt vi tou nèf ak Bondye (lik.13:3; travay3:19;1 Jn1:9).

2. Ki sa pou yon moun kite fin padone fè, lè li tounen nan peche ankò? Lè yon moun kap sèvi kris fè peche, oubwen chwazi fè ak tout volonte l sa ki pa bon devan je Bondye li dwe repanti e mande Bondye padon pou peche li yo, e si li te ofanse lòt moun ak fòt li te fè a, li dwe mande yo tout padon.

IX. Jistifikasyon, rejenerasyon ak adopsyon

Nou kwè ke Jistifikasyon an se yon aksyon beni ak jistis Bondye pou moun ke li bay padon total pou tout fot yo, delivre yo de tout pèn pou peche yo te komèt yo e yo vin jis paske yo kwè nan Jezi epi yo resevwa li kòm sovè epi Senyè yo. Nou kwè ke rejenerasyon an oubyen fèt yon lòt fwa , se yon aksyon ki reyalize gras ak Kè sansib epi bonte Bondye an favè pechè a, moun ki repanti a vin resevwa yon lòt vi moral ak espirityèl, li kapab fè fwa li travay nan lanmou ak obeyisans. Nou kwè ke Adopsyon an se yon ak byen fè Bondye pou kwayan li jistifye e li rejenere, li fè l vin tounen pitit Bondye. Nou kwè ke jistifikasyon an, rejenerasyon an ak adopsyon an rive yon sèl kou nan la vi moun kap chache Bondye e yo jwenn bagay sa yo pa mwayen la fwa lè moun sa yo fin repanti epi sentespri a bay temwayaj de travay sa ki fè pa gras Bondye.

1. Atik sa pale sou kisa Bondye fè pou restore yon pechè ki repanti. Lè yon moun fenk asepte Jezi kòm sovè pèsonèl li, yo rele etap sa premye pa nan gras Bondye ki diferan ak santifikasyon, nou pral bay plis detay nan atik X sou sijè sa .

2. Jistifikasyon. Jistifikasyon an se Lè yon moun jwenn padon nèt pou peche li te komèt jiska moman li te repanti a. Bondye ba li posiblite pou li rekòmanse yon vi nouvo, libere de tout fòt li yo. Peche sa yo Bondye efase e li bliye yo (sòm 32:1;Miche 7:19; lik18:13-14; wom 5:1; Ebre10:17). Aprè a Bondye deklare ke peche sa a ki repanti a se yon moun "ki jis" moun sa a libere de tout pèn li yo, de tout pinisyon ke li te merite akòz dezobeyisans li yo (travay13:38-39;galat 2:16).

3. Rejenerasyon. Tout moun gen yon espri ki toujou rete vivan menm lè moun nan mouri fizikman. La bib di nou moun kap viv nan peche, se yon moun ki mouri espirityèlman paske moun sa a separe ak Bondye. Menm jan an apot pòl di nou, yon moun kapab vivan pou fanmi ak zanmi li e li mouri pou Bondye. Espri moun sa a kapab ale nan lanmo etènèl si Bondye pa rejenerel, ba l lavi, si moun sa pa fèt yon lòt fwa ankò. Pou lespri moun sa kapab fèt yon lòt fwa, li dwe mouri premyèman, mouri sa vle di kite peche e rekòmanse yon lòt vi tou nèf avèk jezi (wom.6:11-13; Efezyen 2:1-10).

Lè yon moun rejenere ki vle di fèt yon lòt fwa la vi moun sa a chanje nèt. Se pa yon chanjman konsa konsa, tankou ki parèt deyò. Tankou w ka vin pran lòt abitid, kite kèk bagay tou ou te konn fè anvan. Se yon chanjman nèt ale ki fèt andedan kè w ti kras pa ti kras e vin transfòme la vi w nèt ale. Lè yon moun rive nan nivo sa yo rele l konvèsyon, paske la vi moun nan chanje li pran yon lòt direksyon. Avan chanjman an te fèt nan la vi moun sa a li tap viv sou pwòp lide li, kounye a se kris kap gide moun sa. Avan li tap viv konsa konsa kounye a lap viv pou Bondye e l'ap sèvi Bondye (2 korentyen 5:14-21).

Lè yon moun rejenere sa vle di li chanje, chanjman an parèt devan je tout moun. Anpil moun vle pou yo jistifye sa vle di pou peche yo efase, men yo pa vle kite vye abitid lontan yo, ki pou penmèt yo tounen yon lòt moun, move abitid sa yo anpeche yo viv tankou disip kris la .Andedan legliz kretyèn yo anpil fwa nou rankontre moun ki kwè, men ki pa konvèti sa vle di ki pa jann chanje. Li fasil pou ou rekonèt yo, paske yo kwè nan kris, tout jounen yo prale legliz, men menm jan an ak jennòm rich la, yo pa prè pou yo kite jezi chanje la vi yo (Mt 19:16-30). Anpil lòt ap chache Bondye sèlman pou yo sòti nan fot kap toumante yo, oubyen tou pou yo kapab jwenn kèk favè nan men Bondye tankou (tavay, la sante ak lòt bagay ankò).men yo pa dakò Bondye chanje la vi yo. Bondye vle rejenere tout moun ki vle viv yon nouvo vi ke Bondye ofri nan Jezi kris.

4. Adopsyon an. : Se lè Bondye vin fè w pitit li, li rejenere w sa vle di gen yon chanjman ki fèt nan lavi ou,e ou vin manm nan fanmi Kris la, ou vin fè pati de legliz Kris la (Jan 1:11-13;Women 8:15-17;Galat 4:3-7; 1 Jan 3: 4-10). Moun ki rejenere a kapab rele Bondye papa l, li kapab jwi de prezans li e vin nan bon jan relasyon ak Bondye ki sen an . Pa gen ankenn moun kap fè peche san rete ki ka viv tou pre Bondye ni rele l papa l. Lespri sen an vini nan kè moun sa ki rejenere a e li pale nan lespri moun nan pou l ba li asirans ke li se pitit Bondye (Women 8:15-17; Ebre 10: 19-22)

X. Lè w sanntifye nèt ale ▬▬▬▬▬

Nou kwè ke Santifye nèt ale a se yon travay Bondye fè nan lavi kwayan an, lè moun nan vini tounen yon lòt moun nan Kris la, li libere de peche orijinèl la ak depravasyon an tou, moun nan vin konsakre l nèt ale ak Bondye e li obeyi kòmandman Bondye yo ki se lanmou ki vin fèl bon nèt. Lè li resevwa batèm Lespri sen an li vin ap viv yon sèl vi pou Kris, avèk yon kè sensè, san tach, Sentespri a pa janm kite moun sa, e li ba li pouvwa ak lavi pou l sèvi Bondye. Lè w sanntifye nèt ale se san jezi a ki fè travay sa a nan lavi w. Bagay sa a ka fèt nan yon ti moman avèk la fwa, lè w konsakre w nèt ale ak Jezi: Sentespri Bondye a bay temwayaj sou travay ki fèt nan la vi w la e gras Bondye ke ou jwenn nan. Eksperyans sa kapab gen plizyè non e reprazante sou plizyè fòm tankou: vi pafè nan kris la, amou pafè, kè pwòp, batèm sentespri a, benediksyon total, sentete kretyèn. Nou kwè ke gen yon diferans trè klè lè yon moun gen kè pwòp avèk lè moun nan gen matirite nan kris la, premye a ki se kè pwòp la yon moun ka jwenn li menm lè a kòm rezilta sanntifikasyon an, dezyèm nan se rezilta kwayans li nan gras la. Nou kwè ke gras pou yon sanntifikasyon total la gen ladan l anvi pou grandi nan gras la. Se pou sa, anvi sa nou dwe kiltive l ak tout konsyans nou e nou dwe bay anpil atansyon ak chanjman ki fèt nan la vi nou an pandan n'ap grandi espirityèlman e ramase karaktè ak pèsonalite nou ki dwe sanble ak kris la. San efò sa yo ak volonte kretyen an, temwayaj li a kapab vini fèb anpil, gras la kapab bloke e an fen li kapab pèdi gras la.

1. Volonte Bondye se pou tout kretyen viv sen nan la vi sa a.
Legliz nazareyen an kwè si yon moun pa santifye, li enposib pou moun sa mennen yon vi ki sen e rive jwenn lavi ki pap janm fini an (Jn17:9,17,20) tout legliz pa kwè nan batèm sentespri a menm jan. Pa eskzanp: genyen ki kwè ke se aprè lanmò kretyen an kapab santifye nèt, Nazareyen yo kwè ke genyen yon moman ki rive nan la vi yon kretyen ke li dwe konprann nesesite pou l libere de tout peche mòtel yo kap batay nan lespri li kont anvi pou obeyi Senyè nèt ale. Nati peche a pouse l chache satisfè pwòp dezi egoyis kè li olye pou l chache fè volonte Bondye avan tout bagay. Kretyen kap viv nan kondisyon sa a santi li koupab de mal sa a ke li se esclav li a e li pa kapab sòti ladan l (Som.51:7 Travay 15:8-9; Ef.5:25-27; 1Jn.1:7).

Lè yon kretyen ap viv nan eta sa a, li pa santi l alèz ak pwòp tèt li e li menm rive ap doute sou eksperyans Sali li. Satan kapab pwofite sou feblès sa yo pou l tante kretyen sa a sou plizyè fòm pou l kapab rive separe li ak kris la. Bondye bay chemen pou soti nan pwoblèm sa yo a tout moun ki renmèt kontwòl la vi li nan men seyè Jezi kris (Konsekrasyon) e mande Bondye ak konfyans pou li netwaye kè l, ranpli li ak sentespri e pran kontwòl la vi li nèt ale (wom.12:1-2;1Tesalonisyen 5:23-24).

2. Chanjman ke sentespri a fè. Lè sentespri Bondye ranpli disip kris la Bondye ranpli moun sa a avèk lanmou sen li a. Lanmou sa a pouse moun nan pi plis chak jou pou l mete li nan sèvis Bondye a e ede lòt frè ak sè li yo (Mat.3:11-13;2 Tesalonisyen 2:13-14) kretyen sa kapab wè kèk chanjman enpòtan ki fèt nan la vi li, tankou:

a. Plis fòs pou li reziste anba tantasyon yo (Filipyen 4:13; 2 Timote 1:7).

b. Tout lide moun sa a se chache jwen okasyon pou pale lòt moun de Bondye (Jan 15:26-27; Travay1:8).

c. Anpil valè nan akonplisman ministè Bondye te rele l pou l fè a. (Travay 4:31; 7:55-60)

d) Dezi pou chache Kris pi plis chak jou, konnen li pi byen, obeyi li, chache fè volonte li nan tout bagay nan lavi li, menn nan bagay ki sanble pa ta gen twòp valè (Women 8:28; kolosyen 1:10-12)

3. Eske w dwe tann yon siy ki pou parèt deyò pou fè w kwè ke ou resevwa santifikasyon an? Legliz nazareyen pa jwenn yon kote nan bib la ki di fòk ou tann siyal ki parèt deyò pou kwè (tankou pale an lang avèk mo moun pa ka konprann) ki di ke moun nan ranpli ak sentespri. Disip yo nan jou pannkòt la te pale nan lang moun lòt nasyon yo, yo pat aprann lang sa yo anvan men bagay sa a te fèt pou mete levanjil la nan lang ke moun ki tap tande yo te ka konprann. Mirak sa pèmèt anpil nasyon ak diferan pèp resevwa mesaj la (Travay 2:6-11), e mirak sa repete anpil fwa nan lòt nasyon kote lang ta reprezante yon baryè pou fè disip pou Kris la (Travay10:19).

Nan 1 korentyen 12 ak 13 apòt Pòl souliye ke nan vil korent te gen kretyen ki tap pale plizyè lang diferan epi lòt moun ki tap sèvi Bondye te sèvi yo Kòm tradiktè oubyen entèprèt pou yo te ka preche e anseye pawòl Bondye a.. Bagay sa, yo konsidere l tankou yon kado espirityèl (Mo grèk apot Pòl itilize pou sa se « Charisma ». Men nan chapit 14 la apot la di nan legliz sa genyen kèk moun ki te konn pale yon lang ke pyès moun pa ka konprann, Pòl pa konsidere l kòm yon kado espirityèl, si pyès moun pa ka entèprete l, li pa sèvi pou edifikasyon legliz la, ni moun kap pale lang nan si li pa ka menm konprann sa l tap di a (1korentyen14:12-19). Apot pòl pa ankouraje nou pratike fòm lang sa a okontrè li ensiste nou chache lòt travay tankou preche levangil e sèvi ak lòt kado Bondye bay yo olye pou nou ap sèvi ak yon bagay ki pa ka fè legliz la grandi (14:1-11).

Sèl legliz nan nouvo kontra ki te konn pratike lang etranj sa a, se te legliz korent, yon legliz ke Pòl repwoche paske sa l tap fè a se te bagay lachè (1ko.3:1-4). Yon kwayan chanèl se yon moun kap okipe pwòp zafè pal olye li fè volonte pa Bondye, mòd kwayan sa yo, yo pa gen lespri kris la nan la vi yo, yo pa genyen lanmou nan kè yo, menm si yap fè anpil bri (1korentyen 13). Yo rele moun sa yo timoun nan kris la, moun ki kontinye ap itilize mòd fòm langaj sa ke pyès moun pa konprann nan, olye ke yo fè moun vin nan legliz kris la (avèk lang ke moun konprann) yo pito fè moun konprann ke kretyen se yon bann moun fou (14:20-23) li ankouraje yo pou yo preche levanjil la ak tout lòt travay ki ka ede legliz la grandi pou nanm yo ka edifye (14:24-26).

Gen kèk pasaj nan bib la ki di te gen kèk kretyen ki te konn itilize yon langaj espesyal pou laprye tankou gen kèk legliz fè l (1ko.14:13-16). Men bib la pa di ke jezi te konn pale an lang. Lè disip yo mande Jezi pou li montre yo la priyè, Jezi pat anseye yo mòd fòm priyè sa yo, ki bezwen yon langaj espesyal (lik.11:1-4). Men Jezi mande sèvitè li yo pou yo priye menm jann ak yon pitit kap pale ak papa l (lik11:5-13).

4. Nou pa dwe konfonn sentete ak matirite kretyèn nan, menm si youn vin anvan lòt. Moun ki ranpli ak sentespri a, Bondye lave l ak tout mikwòb peche li yo. Bondye vle bay kretyen an yon lòt vi menm jan ak lavi Bondye ki sen anpil la. Yon kretyen kapab pirifye yon sèl moman, men l dwe grandi pou l vin gen yon karaktè granmoun nan kris, se tanzantan pou sa rive fèt. Kretyen an dwe toujou ap mennen yon vi ki sen san tach devan je Bondye. Anvan ou aprè kretyen an te resevwa sentespri Bondye nan lavi l, li dwe toujou ap swiv bon jan chanjman ki fèt nan lavil a chak pa li fè nan travay Seyè a. kretyen ki sanktifye nèt ale a pa janm sispann grandi e fòme yon karaktè nan kris la, vin sanble chak jou pi plis ak Seyè jezi kri. (Fil 3:12-15; 2 korentyen 3: 17-18).

XI. LEGLIZ LA

Nou kwè nan legliz la, kominote sa a ki kwè nan Jezi kòm Senyè li, pèp sa a kap mache nan alyans avèk bondye pa mwayen Kris la, kò kris la ki jwenn apèl pou vin fè yon sèl pa pouvwa sentespri a pa mwayen pawòl la.

Bondye rele legliz la pou li viv nan inite nan kominyon ak lespri a; nan adorasyon, nan tande pawòl la pa predikasyon pawòl la, nan obsève komandman yo, e fè travay nan non Li, Pandan wap obeyi kris la e pran responsablite w.

Misyon legliz la nan mond la se kontinye travay redanmsyon kris la avèk pouvwa sentespri a, nan menmen yon vi sen, preche levanjil kris la, fè disip epi nan sèvis li.

Legliz la gen yon reyalite istorik ki òganize sou fòm kiltirèl ki awopoprye ; Genyen ki òganize sou fòm legliz local ak lòt ki òganize sou fòm kò inivèsèl ki gen moun ke Bondye rele pou fè yon travay espesyal. Bondye rele legliz la pou l viv anba gouvènman pandan l'ap tann retou seyè Jezi kris la.

1. Ki moun ki legliz la ? Legliz kris la se yon sèl li ye,e li fèt ak tout moun ki kwè nan kris la nan tout epòk (Mt.18:20); Travay 2:47;1ko.12:13;ef.4:4-6;Revelasyon.7:9-10).Atravè tan sa yo, legiz Kris la te vin divize pou plizyè koz : pou kòz doktrin ki pa menm,

Fòm adorasyon ki diferan, pou distans geografik ak kilti elatiye. Poutèt sa ou dwe fè diferans ant legliz ki ilivèsèl la e ki pa gen yon non patikilye a ; ak legliz ki (gen yon non ke yon gwoup moun ba li) gen legliz lokal yo ki se disip Jezi ki nan kominote a oubyen nan yon espas kelkonk sou tè a. Jodi a gen anpil legliz kretyèn ki egziste ki gen non diferan, bagay sa mete konfizyon nan tèt anpil moun.

Gen anpil legliz ki gen yon bon doktrin , ki chita sou la bib, men gen lòt legliz ki sèvi ak pawòl Bondye a jan yo vle epi yo anseye doktrin lòm ki melanje l ak verite ke Bondye revele a. Yon moun ka wè fasil si yon legliz chita sou pawòl Bondye a, lè wap gade ki jan moun nan tèt legliz sa a ak lòt manm yo ap viv (Travay 20:28)

2. Yon legliz sen. Legliz nazareyen se yon legliz ki okipe l de moun ki fè pati de legliz la: lidè yo, pastè yo ak manm yo kote yo ye nan mond lan, pou yo resevwa yon ansèyman sen, ki santre sou kris la , ki ede yo viv nan sentete pandan yap swiv kris la pazapa (Efezyen 5:25-26).

3. Yon legliz kap sèvi. Nou espere ke tout moun legliz nazareyen yo patisipe ak tout fòs yo nan misyon pou fè disip pou ki Kris la, ke yo mete nan sèvis Bondye a tout mwayen yo genyen : mwayen materyèl ki se byen yo posede; mwayen intèlektyèl ak espirityèl (Travay 8:4).

XII. BATÈM NAN

Nou kwè ke Batèm kretyèn yo ke kris la mande pou n fè a, se yon sakreman ki vle di ou aksepte resevwa benefis ke sakrifis jezi te fè a pou efase tout peche yo. Tout kretyen dwe batize lè sa yo deklare la fwa ke yo genyen nan kris la kòm sovè yo, e yo aksepte fè tout sa jezi mande moun fè pou yo kapab mache nan sentete ak nan jistis. Batèm nan se yon senbòl nouvo kontra a, timoun piti yo kapab batize depi paran yo oubyen moun ki responsab yo dakò ak sa, moun sa yo dwe pwomèt ke yap bay timoun sa bon jan ansèyman kretyèn ke li bezwen. Batèm lan kapab fèt pa aspèsyon, efizyon oubyen plonje nan dlo dapre fason kandida vle l la.

1. Se lòd Senyè a bay. Jezi kris bay disip li yo lòd pou batize tout nouvo kwayan yo (Mak16:16).

2. Nan moman batèm nan. Nan nouvo kontra a ki se nouvo

testaman, yo fè batèm lan tou swit aprè moun nan vin aksepte seyè a kòm sovè (Travay 22:16) kounye a legliz yo pran yon tan pou yo pèmèt ke moun nan konprann angajman sa a.

3. Temwanyaj gras Bondye a. Batèm nan se yon temwanyaj ki chita sou (3) twa bagay pou pi piti:

a. moun ki batize a, li repanti de peche li yo,li pran desizyon pou li vin disip kris la.

b. Bondye nan gras li padone peche moun nan e li ba li yon nouvo vi.

c. Bondye ini nouvo pitit li a nan fanmi li a (ki se legliz la) legliz la ki aksepte responsablite ke kris ba li pou ede moun sa rete nan kòmandman Bondye, ba li bon ekzanp e mete li nan ministè nan legliz lokal la.

4. Gen twa (3) fòm batèm legliz nazareyen pratike :

a. Imèszon ki se plonje moun nan nèt nan dlo, (Wom.6:3-5).

b. Aspèsyon se lè ou wouze oubyen mikte dlo sou tèt moun nan (travay16:33)

c. Afizyon se lè yo vide sou tèt moun nan, enpe dlo (Travay.1:5; 2:17,33; 10:45).

XIII. SENT SÈN

Nou kwè ke soupe komemorativ la oubyen kominyon an te enstitiye pa Senyè e sovè nou an Jezikris, se yon sakreman nouvo testaman ke Jezi te deklare lanmò pou lave peche, pou li te kap sove moun ki kwè e ba yo la vi etènèl, e pwomèt tout moun ki kwè yo benediksyon espirityèl nan kris la. Se moun ki prepare kè yo e ki konn sa sa vle di sakrifis kris la, se pou sa yap anonse lanmò kris la jiskaske li vini yon lòt fwa. Pandan fèt kominyon an, sèlman moun ki gen la fwa nan kris la, e ki gen lanmou pou sen yo, ki dwe patisipe nan sent sèn nan.

1. Sa pen ak ji rezen an senbolize. Nan dènye nwit avan yo te kloure Jezi sou kwa, li te manje ansanm avèk disip li yo. Se te moman fèt pak jwif yo, kote yo ta selebre nan nwit anvan Bondye te libere yo anba esklavaj nan peyi lejip. Nan okazyon sa Jezi te fè disip li yo sonje, ke yo pral kloure l sou kwa pou peche limanite apre Sa li kase pen an E li pran ji rezen an li ba yo. Senbòl sa a te vle di lè li kase pen an ke kò li ta pral maltrete e san li ta pral koule pou limanite te kapab sòti anba peche e jwenn la vi etènèl (lik 22:7-23).

2. Se Senyè a ki te bay lòd la nan okazyon sa a jezi mande disip yo, pou yo fè seremoni sa a pou yo pa janm bliye sakrifis sa a li te fè pou yo, pou sove yo e sove tou lòt moun ki va kwè nan li. Senbòl sa va montre inite legliz la avèk seyè mèt li pou toutan. Jezi pwomèt li va selebre sent sèn nan lè li tounen avèk tout disip li yo nan tout ekòp ak nan tout nasyon (Mt.22:19-20).

3. Kris la se li ki Senyè legliz la. Senbòl sa yo fè nou sonje ke kris la se li ki senyè legliz la, li bay la vi l pou li , li lave peche li yo ak san li e li prepare legliz la nan sentete pou la l viv etènèlman avèk Bondye ki sen an (1 korentyen11:23-26).

XIV. SANTE DIVIN ▬▬▬

Nou kwè nan doktrin biblik sante divin nan e nap chache mwayen pou nou priye ak la fwa pou moun ki malad yo jwenn gerizon. Nou kwè ke Bondye bay la sante a pati de swen nou jwenn nan men doktè yo.

1. Maladi yo se pa Bondye ki kreye yo. Legliz nazareyen kwè ke se Bondye ki bay la sante, se pa volonte Bondye pou moun ap soufri ak maladi yo. Bondye pa fè maladi antre nan mond lan, se akòz peche ki fè limanite ap soufri ak maladi. Nan vi ki pap janm fini an, Bondye promèt pitit li yo ke maladi pap ka tonbe sou yo enkò (Apot.22:2).

2. Jezi ak moun ki malad yo. Kretyen yo dwe genyen menm kè sansib Jezi te genyen an, e fè tout sa yo kapab pou soula-je moun ka soufri yo. Jezi wè maladi tankou yon mwayen pou Bondye moutre lanmou l pou moun yo (Mt.4:23). Enterè Jezi pou moun ki malad yo se pou yo ouvri zòrèy yo pou tande bòn nouvèl Sali a (Matye 4 :23).

3. Priyè pou moun ki malad yo dwe fèt ak la fwa epi kon-pasyon. Men avan ou dwe prepare w pou asepte volonte Bon-dye pou nenpòt sa ki rive. Si gen yon mirak ki fèt pandan wap priye ak moun nan moun nan pa dwe gade sa sekrè, men fòk li pale ak tout moun de sa Bondye fè pou li, konsa lòt moun yo va ouvri kè yo bay Senyè a (Jak5:13-15).

4. Bondye kapab geri moun avèk trètman doktè yo tou. Fòk ou kite profesyonèl nan medsin yo kontrole moun nan pandan wap priyè Bondye pou li gide doktè yo nan travay yap fè yo. Doktè yo se yo menm ki nan pi bon pozisyon pou yo pale de mirak ke Bondye fè e Bondye vle pou yo bay Jezi kè yo tou. Liv levanjil selon lik ak liv travay apot, moun ki te ekri yo a se te yon doktè pèsonèl li te ye epi se te disip apot Pòl li te ye.   5-Kilè Bondye pa geri pitit li. Nan kèk okazyon Bondye pa geri pitit li e li pèmèt ke l soufri yon maladi oubyen yon andikap nan kò li, Anpil fwa li pa revele sèvitè yo rezon ki fè l kite sa rive men yo dwe gen konfyans ke sa Bondye kite rive nan vi pitit li se pou byen l. Nan ka sa kwayan kapab konte sou èd espesyal Bondye promèt yo (Rom.8:28; 2 ko.12:7-10).

XV. LÈ KRIS LA AP VINI YON ▬▬▬ LÒT FWA ANKÒ

Nou kwè Jezi ap tounen yon lòt fwa ankò; lè jezi ap tounen moun ki vivan yo pap ale avan moun sa yo ki mouri nan kris la ; si nou toujou rete ap sèvi l, sèvitè Kris la ki rete vivan nan moman sa a ap reyini avèk sen ki leve yo pou yal rankontre Senyè a anlè a, e nap avèk li pou toutan.

1. Dezyèm vini an. Jezi ap vini yon dezièm fwa vin chache moun pa li yo, lap vini nan la glwa avèk anpil pisans lap vini chache moun pal yo (legliz la) e lap detwi pou toutan tou sa yo ki pat obeyi pou te mache selon volonte kreyatè a (travay1 :11).

2. Gen moun ki pral kontan, gen lòt ki pral soufri. Se ap yon tan de jwa e glwa pou tout kretyen yo, ni sa ki mouri yo ki pral resisite, ak sa yo ki vivan. Men pou tout moun ki te refize kwè nan Senyè a se ap yon tan de dezolasyon (1Tesalonisyen 4 :13-18).

XVI. REZIREKSYON, JIJMAN, ▬▬▬ KOTE OU PRALE

Nou kwè nan rezirèksyon mò yo, ni sa ki bon yo, ni sa ki mechan, yo tout ap leve avèk tout lespri yo sou yo « sa ki te fè bon bagay ap leve pou la vi etènèl ; sa ki te fè bagay ki mal yo ap leve pou yo jije e kondane.

Nou kwè nan jijman kap vini an, tout moun ap parèt devan Bondye pou jije selon sa yo te fè nan la vi yo.

Nou kwè ke w sove lè w kwè nan Jezi kòm Senyè a e swiv li

nan tout bagay, li ba ou la glwa ak la vi etènèl, moun ki pa rep-anti avan yo mouri yo pral soufri etènèlman nan lanfè.

1. Tout moun sou la tè gen yon jou pou yo an fas Bondye pou al jije. Jijman sa a rive yon sèl fwa nan listwa e se aprè lè jezi fin retounen dezyèm fwa lap fèt. Se yon jijman pou pini e se yon jijman pou rekonpanse (Travay17 :30-31; 2ko.5 :10; Ebre9 :27-28).

2. Eske genyen lòt chans pou moun repanti aprè l fin mouri ? La bib pa di gen lòt chans pou moun rekonsilye avèk kreyatè a, aprè lanmò.Vi sa a se tout tan ke yon moun genyen poul reponn ak apèl Bondye, pou li repanti epi viv nan sentete (Jan5 :20-29).

3. Enpòtans pou bay levanjil la. Paske pa genyen chans pou moun sove apre lanmò, tout disip kris yo gen responsabilite devan Bondye pou preche levanjil la e fè disip pou Kris la nan generasyon l lan, paske chak moun ki mouri san Kris li pèdi san mank e li pral pase tout tan l nan lanfè ap soufri.

Referans

(1) Lè Dye ekri avèk (D) majiskil li fè referans avèk Dye ki se yon sèl e vrè Dye a, men lè li ekri avèk (d) miniskil li fè referans avèk fò dye yo.

(2) Yon lòt kote, jan di ke Jezi fè pati trinite a nan kreyasyon mond lan. Nou ka wè nan jenèz 1 ak Ebre 11 :3 ke le mond ek-ziste avèk pawòl Bondye. Sentespri a te la nan kreyasyon an tou (Jenèz 1 :2).

(3) Nan kèk tradiksyon, yo tradwi pa erè « YAWEH » pou jewova men rasin mo Jewova pa soti nan Ebre, men sèlman yo kòmanse itilize mo sa a nan XVI (sèzièm) sièk la.

Bibliografi

Anderson, Ken, Dónde hallarlo en la Biblia.

Fisher, C. William, ¿Por qué soy evangélico?

Church of the Nazarene, Manual 2001-2005

Knight, John A., Lo que dice la Biblia acerca del don de lenguas.

Purkiser, W. T, Un vistazo a la doctrina bíblica.

Taylor, Richard S.; Grider, J. Kenneth; Taylor, Willard H., Diccionario Teológico Beacon.

RENMEN MENM JAN AK JEZI

C. Helmer Juárez

ENTWODIKSYON

Renmen pwochen an se yon konsèp debaz pou lavi kretyen an.Lè nou te koumanse relasyon nou ak Bondye, konsèp lavi nou t'ap mennen oparavan yo chanje tikras pa tikras. Kòm rezilta fason nou t'ap viv la koumanse ap chanje. Nan chanjman sa yo dwe genyen yon chanjman nan konpòtman nou avèk frè parèy nou yo, avèk moun ki gen relasyon avèk nou yo, moun k'ap viv bò kote nou yo.

Youn nan chanjman enpòtan yo ki vini avèk lavi tounèf nan Kris la se sou fason nou renmen lòt moun. Nan yon sans li sanble pi fasil pou renmen Bondye pase nou renmen pwochen nou. Li pi fasil pou nou renmen Bondye, paske menm si nou pa wè l 'nou konnen sa li te fè pou nou. Okontrè li pa fasil pou nou renmen frè parèy nou yo ki souvan anmèdan, pèsistan, pa janm satisfè, epi tou nou wè li prèske chak jou ki fè sonje defo li yo.

Malgre tout bagay, youn nan kle ki pi enpòtan pou bay siksè nan lavi kretyen an se "renmen frè parèy nou", se konsa ke Jezi te avèti nou ke nou pa ka di nou renmen Bondye si nou pa renmen pwochen nou (1 Jan 4: 8.21).

Nan seksyon sa a nou vle rezime kèk konsèp ki pral ede nou konprann poukisa Bondye mande pou nou renmen frè parèy nou yo epi ki jan renmen sa a vin chanje an yon prèv vizib sou chanjman Bondye te fè nan lavi nou.

Nou pral eseye mache nan konsèp Bib yo ak egzanp Jezi yo pou konprann ki jan kalite lanmou sa ye pou pwochen ke Bondye ap atann de nou.

Nan Legliz Nazareyen nou rekonèt ke Bondye mande nou renmen vwazen nou yo epi nou vle pou fòm "renmen sa jan Jezi te renmen an" kapab vin konstitye yon "kalite lavi a" pou chak manm legliz Nazareyen atravè lemond.

KOMANDMAN RENMEN AN

Si se vre ou vle vin yon "kretyen" tout bon men se pa sèlman nan non men vrè kretyen an, ou dwe konprann ak pratike "kòmandman lanmou an".

Nan Matye 22: 37:38 nou jwenn pawòl sa yo ke Jezi te di: "Renmen Bondye ou, ak tout oumenm, ki vle di, se avèk tout kè ou ak tout lide ou" Sa a se premye ak gwo kòmandman, epi dezyèm lan sanble avèk premye a: 'renmen frè parèy ou tankou ou renmen tèt ou "(Bib nan langaj senp). Depi nan koumansman "lanmou" sa a se te sans lavi kretyen an epi yo ka defini l' kòm : renmen moun k'ap reponn nan obeyi lanmou redanmtè a (1).

Kòm moun prèske toujou nou wè kòmandman an renmen an de pati, renmen Bondye anpremye, renmen frè parèy ou andezyèm. Nou gen enklinasyon pou nou vle premye a, nou vle renmen Bondye, men nou bliye pwochen an.

Bondye envite nou renmen li epi renmen lòt yo avèk yon kalite renmen san egoyis ki gen kat Karakteristik diferan:

1. Renmen Bondye ak tout kè ou: Sa gen ladan li renmen ak devosyon, oswa ke Bondye toujou prezan nan panse nou epi se premye priyorite nan lavi nou. Se yon renmen ki karakterize pa fidelite, se renmen ki renouvle angajman li chak jou. Sa vle di tou, renmen l ' avèk emosyon ak pasyon. Renmen ak tout kè a vle di mete tout emosyon nou yo. Lè nou gen Bondye nan kè nou li se pa difisil pou nou renmen li, paske kè nou reponn lanmou li natirèlman.

2. Pou renmen Bondye ak tout lide ou: Sa mande pou nou renmen l 'ak tout kapasite entelektyèl nou. Kapasite nou pou nou rezone ak konprann li itil pou nou konnen Bondye epi konprann fason li wè bagay yo. Lè nou konnen pi plis nou renmen li pi plis epi lè nou plis renmen li, pi plis nou vle konnen li. Lè lespri nou plen ak Pawòl Bondye a sa ede nou pi byen konprann bezwen moun ki bò kote nou yo pou nou renmen yo ak sèvi yo pi byen. Lide nou, angaje nan Bondye ap gen anpil sajès ak konesans pou pataje.

3. Nou bezwen renmen Bondye ak tout fòs kouraj nou tou: Sa vle demoutre lanmou nan tout sa n'ap fè. Fason kretyen an ap viv la dwe evidan nan tout bagay nan lavi: nan biznis, nan travay, nan fè fas ak madanm lan ak timoun yo, nan mitan lòt moun tou.

Lè nou renmen Bondye nan fason sa a, nou renmen frè parèy nou yo tou kòm konsekans lanmou Bondye ki rete nan lavi nou.

Renmen frè parèy nou an se pa yon chwa pou pou kretyen an, men se yon kòmandman nou dwe fè efò pou nou obeyi. Nou dwe pèmèt Bondye chanje lavi nou, ranplase egoyis pa mwayen libète pou renmen tout moun, menm jan nou renmen pwòp tèt nou.

Ki moun ki frè parèy mwen?

¿Èske mwen dwe ede tout moun, oswa se sèlman moun ke mwen renmen yo? Ki moun mwen dwe ede? Èske se moun k'ap viv bò lakay mwen? ¿Fanmi mwen yo? Èske se zanmi mwen yo? Ki moun ki frè parèy mwen? Sa a yo se kesyon nou souvan fè lè nou rive nan moman pou nou ede lòt moun. Kesyon an pa gen repons fasil. Li trè difisil pou deside ki moun ki ki frè parèy mwen.

Nan tan Jezi a te gen enkyetid sou kesyon sa tou. Nan Lik chapit 10 nou jwenn yon istwa ki rakonte kijan Jezi te reponn kesyon sa a. Li rakonte ke yon nonm jwif t'ap vwayaje men lè li te sou wout la yon bann vòlè te atake li epi pote ale tout sa li genyen, yo tou te bat li byen bat, yo te blese li epi yo kite li twaka mouri. De lidè relijye jwif te sou wout la men yo pa t' ede li, lè sa a yon etranje ki te lavil Samari (Samariten), yo menm ki pa t' janm zanmi jwif yo. Men, mesye sa a te desann cheval li, li ba l premye swen, li mennen l' nan yon repozwa (otèl pou vwayajè). Se la li te mande mèt kay la pran swen li epi li te peye tout depans yo, li te menm bay enstriksyon pou yo pa t' sispann ba l swen pou mank lajan paske li di si manke lèm retounen m'ap peye sa ki te manke a.

Jezi te mande nan fen istwa a: Ki moun ki te frè parèy blese a? Moun ki t'ap koute yo pa t' vle rekonèt ke se te Samariten an, men sa a te evidan paske se li menm ki te gen pitye pou nonm blese a. Jezi di yo se pou yo swiv menm egzanp bon nonm samariten sa a.

Nan sans sa a, ki moun ki frè parèy mwen? Dapre istwa sa a frè parèy mwen an se nenpòt moun mwen kwaze sou chemen mwen epi ki gen nenpòt kalite nesesite. Nan lòt mo, chak moun ke nou jwenn yon chans pou nou ede chanje sitiyasyon soufrans nan moman sa a avèk dezespwa.

Lòd Jezi a byen klè. Nou dwe sèvi lòt moun nan tout sa nou kapab, pa sèlman moun ki tou pre, oswa moun nou apresye yo, oswa moun ki te kapab peye nou pou èd la, men se tout moun, fanm ak timoun ke nou jwenn opòtinite pou nou ede.

POUKISA NOU DWE RENMEN ▰▰▰ FRÈ PARÈY NOU YO?

Atravè Bib la, Bondye demand nan tout pitit li yo pou yo gen konpasyon pou pwochen yo, menm jan li menm li te gen konpasyon pou nou.

Esansyèlman Bondye nou an se yon Bondye ki renmen tout moun. Nan Jan 3:16 nou jwenn yon deklarasyon kote Jezi pale nou de lanmou Bondye gen pou nou: "Bondye sitèlman renmen moun yo nan mond sa a ke li te bay mwen, mwen se sèl Pitit li a, pou yo kapab gen lavi ki pap janm fini an".

Depi nan Ansyen Testaman Bondye te chèche moutre nou lanmou li epi ankouraje nou pratike menm kalite renmen san enterè sa a youn pou lòt. Youn nan pi gwo istwa lanmou Bondye a se jan li te satisfè tout nesesite pèp li a pandan vwayaj 40 lane soti nan peyi Lejip pou rive nan peyi Izrayèl. Men kèk egzanp:

1. Bondye te fè rad sou yo pa chire: Detewonòm 8: 4 di konsa : "Rad sou kò w pa t janm chire, ni pye ou pa t' janm anfle pandan 40 lane sa yo".

2. Bondye te ba yo manje pen ak vyann: Lè pèp la te grangou li te voye lamàn pou yo (2) avèk vyann zòtolan tou (3).

Men, menm jan Bondye te pran swen yo a se konsa li bay o enstriksyon pou yo pran swen lòt moun tou. Nou kapab jwenn sa nan Detewonòm 24: 17-22 kote Bondye mande pou yo pran swen pwochen yo:

1. Etranjè ak òfelen yo: "Pa fè moun lòt nasyon k'ap viv nan mitan nou yo lenjistis ni timoun ki san papa yo" sa vle di, piga nou anganyan yo ni sèvi mal avèk yo.

2. Vèv yo: "Piga nou janm pran rad yon vèv an garanti lajan nou prete li", sa vle di yo pa dwe pwofite nesesite vèv yo pou yo pran sa yo genyen.

3. Yo te dwe pataje sa yo genyen ak moun ki nan bezwen yo: "Lè n'ap ranmase rekòt nou yo, epi nou bliye ranmase kèk grap ki tonbe atè, pa tounen al ranmase li, na kite yo pou moun lòt nasyon yo k'ap viv nan mitan nou yo, timoun ki san papa ak fanm ki pèdi mari yo". "Na fè sa pou Seyè a, Bondye nou an ka beni nou, nan tout sa n'ap fè".

4. Pataje avèk sa ki san fanmi yo: Nan Detewonòm Chapit 15:

7 di: " Si ta gen yon pòv nan mitan moun pèp Izrayèl parèy nou yo k'ap viv nan youn nan lavil Seyè a te ban nou an, pa fèmen kè nou, pa sispann lonje men bay frè nou ki nan nesesite".

Sa yo se sèlman yon egzanp nan kèk kòmandman yo ki nan Ansyen Testaman an, gen pi plis toujou. Nan Nouvo Testaman an nou jwenn nouvo ansèyman sou renmen frè parèy nou.

Jezi, Sovè nou an, limenm ki se egzanp siprèm nou an nan sa ki gen pou wè avèk lanmou ak konpasyon, li te kite plizyè ansèyman ak divès kalite egzanp pou nou ki gen anpil valè osijè de:

Pandan ministè li … "Jezi t'ap mache nan tout lavil yo ak tout ti bouk yo pou bay mesaj la, ansèyman ak gerizon pou tout kalite maladi ak doulè ki te nan mitan pèp la" (Matye 4:23). Jezi pa t rete sèlman nan tanp lan men li te mache nan tout vil ak bouk yo nan menm tan li t'ap preche ak anseye, li te gen kè sansib pou bezwen fizik moun yo tankou maladi ak grangou, ak lòt ankò.

Matye 9:36 di konsa ke lè Jezi wè tout bann moun sa a yo, kè l fè l mal pou yo paske li wè yo te bouke, yo te dekouraje, tankou yon bann mouton ki san gadò. Matye 14:14 di lè Jezi te desann kannòt la li wè yon foul moun, kè l fè l mal pou yo, li pran geri moun malad yo.

Lè sa a, nan Matye 15: 32 Jezi di: "Mwen gen pitye pou foul moun yo, paske sa fè twa jou depi yo la avèk mwen yo pa gen anyen pou yo manje ankò, mwen pa vle voye yo tounen lakay yo tou grangou paske yo ka tonbe feblès nan chemen an". Disip yo Jezi yo te koumanse ap panse osijè de kantite lajan sa ap koute pou bay tout foul moun sa a yo manje. Jezi di yo: "Se responsablite nou pou nou ba yo manje" (Mak 6: 37).

Jezi te prete atansyon ak tout bezwen moun yo pou ba yo solisyon, grangou, maladi, ansèyman, ak plizyè lòt bagay ankò. Nan Lik 10: 37 Jezi di "Ale epi fè menm bagay la, se menm jan avèk mwen nou dwe ye".

KI MOUN KI DWE PATISIPE NAN SÈVI LÒT MOUN?

An reyalite, tout kretyen dwe travay ansanm nan ministè legliz, ki gen ladan sèvi pwochen yo. Liv Travay di nou ke premye kretyen yo te devlope divès kalite ministè nan legliz la pou satisfè diferan nesesite ke moun nan kominote yo te genyen.

Men kèk bagay kretyen sa a yo te konn fè ansanm:

a. Yo te gen tèt ansanm youn avèk lòt,

b. Yo te konn etidye pawòl Bondye a ansanm.

c. Yo te konn lapriyè ansanm,

d. Yo te konsève doktrin Apot yo,

e. Satisfè bezwen materyèl frè kretyen yo ki te nan nesesite.

Li enpòtan pou nou sonje la a ke sèvi lòt moun se pa yon travay ki fasil, souvan fwa menm nan mitan bon entansyon nou yo nou rankontre difikilte. Menm bagay la tou te pase nan Legliz primitiv la. Apot yo te reyalize byen rapid ke yo pa t 'kapab fè tout bagay yo pou kont yo.

Apot yo te mande pou legliz la te chwazi moun ki kapab travay pou bay èd ak malere yo san kontrent. Yo te chèche moun ki gen kèk karakteristik espesyal pou akonpli travay sa a:

1. Ki gen bon repitasyon, oswa se yon bon egzanp pou lòt moun. Yo te sipoze manm legliz men ki konnen ak konprann pwoblèm moun yo k'ap viv nan kominote l' la.

2. K'ap mache anba pouvwa Sentespri a, paske Sentespri a ede nou wè nesesite moun yo avèk vizyon Bondye.

3. Se pou l gen bon konprann oswa kapasite pou reponn ak pwoblèm moun ki nan bezwen yo genyen epi ede yo nan pi bon fason an.

Se prezans Lespri Bondye a ki pèmèt kwayan yo sèvi ak kapasite ak entèlijans yo pou yo sèvi lòt moun. Se yon privilèj pou chak pitit Bondye sèvi lòt moun, espesyalman nan bezwen yo kòm moun k'ap viv. Atravè sèvis sa a pòv yo ka wè Bondye k'ap travay nan nou nan renmen pou pote soulajman nan bezwen yo.

KOUMAN MWEN KA TRAVAY AVÈK YON MINISTÈ NAN SÈVIS NAN LEGLIZ MWEN AN?

Okòmansman nou konnen ke nou chak nou kapab yon enstriman pou kolabore nan yon ministè èd nan legliz nou an.

Se konsa, nou ka koumanse idantifye konpetans yo ak talan

nou gen yo epi resevwa fòmasyon pou kalite ministè sa a. Si te deja gen yon ministè nan legliz nou an, nou ka mete tèt ansanm avèk lidè yo epi ofri èd nou. Si poko genyen okenn ki te deja òganize, nou ka pale ak pastè a pou koumanse li.

Nan dènye ka sa a nou ka mete lòt manm legliz la nan ministè sa. Frè oswa sè ki don sèvis yo (4) se yo menm ki va baz pou ministè sa a repoze.

Gen twa etap debaz nou dwe mete nan aplikasyon lè n'ap fè planifikasyon pou yon ministè sèvis:

1. Idantifye nesesite a.

Premye bagay nou dwe fè se idantifye nesesite moun nan byen. Travay apati de yon lide ki pa kòrèk ap bay yon repons ki mal.

2. Idantifye resous yo.

Nou dwe idantifye resous ki disponib pou ede moun yo. Premye sous pou bay èd yo se resous legliz la. Ki sa ki resous nou yo? Bondye toujou pran swen pou resous nou yo miltipliye. Li sèten ke si nou fè pati nou an, Bondye ap fè rès la.

3. Planifikasyon pou aktivite yo.

Planifikasyon se kle nan tout sa n'ap fè, menm lè nou vle ede moun. Planifikasyon an se kle siksè, si nou ka devlope tout selon plan an.

Pa bliye ke lè nou vle ede moun lapriyè epi rete tann Seyè a tankou si tout bagay depann de li, epi nou dwe fè pi plis efò tankou si tout bagay te depann de nou.

¿KI MOUN MWEN DWE BENEFISYE ▬▬ NAN YON MINISTÈ ÈD?

Akoz ke gen anpil nesesite nan mond ke n'ap viv la, byen souvan nou santi nou nan anbara pou nou chwazi konsa n'ap mande nou: kimoun vrèman ki nan nesesite? Ki jan mwen kapab chwazi moun mwen kapab epi mwen dwe ede?

Bib la gide nou nan sans sa a lè li bay egzanp sou moun nou ka ede ak kèk konsèy sou kouman pou nou fè sa:

1. Moun ki pèdi mari yo.

Moun ki pèdi mari ak sa ki pèdi madanm yo ap viv moman ki byen difisil, pandan y'ap ranje kò yo pou yo viv yon lavi ki tounèf. Se yon etap kote yo bezwen èd sou plizyè fason.

Nan Egzòd 22:22 di nou konsa: "piga nou maltrete vèv yo". Sa vle di, pa ajoute nan soufrans yo, pa mete chay yo pa ka pote sou do yo.

Nan Sòm 146: 9 nou li ke "Senyè a pran swen vèv yo". Sa a se yon envitasyon yo ban nou pou nou kapab sipòte yo nan tout bezwen yo.

Apot Pòl te di nan Tim 5: 3 pou pran swen vèv ki vèv tout bon an yo, sa yo ki vrèman nan bezwen yo.

Nan Jak 1:27 nou li yon deklarasyon ki enteresan: Si nou vle sèvi yon jan ki dakò ak volonte Bondye, yon jan ki bon tout bon devan li: se pote sekou bay timoun ki san papa yo. Se bay vèv yo asistans lè yo nan lafliksyon, epi pa mele nan mechanste k'ap fèt sou latè yo.

Sa a pote nou nan yon lòt gwoup moun kote nou ka konsantre plan èd nou an:

2. Òfelen yo.

Òfelen yo se timoun sa a yo ke sikonstans lavi kite yo san youn oswa toude paran yo. Lavi a difisil anpil pou yo. Yo bezwen èd nan men kretyen yo pou yo kapab kontinye viv lavi yo. Ann chèche ankò sa Bib la di sou koze sa a.

Detewonòm 10:18 di: "Bondye ap fè òfelen yo jistis. . . ba yo manje ak rad".

Sòm 82: 3 plis dirèk, li di nou ke: "Defann sa ki fèb yo avèk ki òfelen yo". Ki moun ki pi fèb pase yon òfelen?

Pwofèt Ezayi tou te fè referans ak bezwen òfelen yo nan liv li a: "Aprann fè sa ki byen; chèche jistis,. . . . . sèvi byen avèk timoun ki san papa yo. . . "(1:17).

Bondye toujou enterese ak sa ki pi fèb yo, ki pi malere yo, èske nou kapab panse ak yon moun ki plis malere ak abandone pase yon timoun ki òfelen? Ann avanse ak gwoup benefisyè konpasyon nou an. Nan Ansyen Testaman yo mansyone yon lòt gwoup ansanm ak vèv ak òfelen yo, yo menm nou dwe fè referans tou.

3. Moun lòt nasyon yo.

Ki jan ou santi w lè ou vizite yon kote pou lapremyè fwa? Menm si yon legliz, yon vil, yon lekòl, oswa lòt kote ou pa konnen. Premye eksperyans yo toujou difisil. Nou santi nou mal alèz, etranj, nou panse ke tout moun nap gade nou yon fason ki dwòl. Se menm jan yon etranje santi li.

Bondye mande pou etranje yo okipe yon plas espesyal nan kè nou. Nan Egzòd 22: 21 yo anseye nou pa anganyan ni atriste etranje a.

Nan Levitik 23: 22 Nan konsèy Bondye yo pou pèp li a, li rekòmande pou yo pa t' retounen al ranmase dènye grap ki te tonbe nan moman yo t'ap ranmase rekòt yo, men kite yo pou moun lòt nasyon yo vin ranmase avèk sa ki nan bezwen yo. Nou kapab di ke jodi a nou dwe enkyete nou pou bezwen materyèl etranje ak pòv yo tou.

Detewonòm 10: 19 di nou se pou nou renmen etranje. Nou menm tou nou ta kapab nan menm sitiyasyon sa a nan kèk pwen nan lavi nou e nou ta renmen jwenn moun renmen nou.

Pwofèt Jeremi se bon fanatik sa li te ye tou, lè li te di: "Mwen menm Seyè a m'ap mande nou pou nou fè sa ki dwat devan, pou nou rann jistis san patipri, se pou nou retire moun y'ap peze yo anba men moun k'ap peze yo a, pa maltrete moun l lòt nasyon ki nan mitan nou yo ..." (22: 3). Sonje etranje nan plan n'ap fè pou nou ede moun ki nan bezwen yo.

Sa yo se twa gwoup moun ki trè enpòtan ke nou dwe konsidere lè n'ap mande: Ki moun mwen dwe ede?

Men, jiskaprezan toujou gen lòt gwoup ki nan bezwen nou dwe konsidere nou kapab jwenn nan anviwònman nou an. Nou dwe gen je ak zòrèy atantif pou nou wè nesesite ke Bondye wè nan kominote nou an.

NAN KISA MWEN EDE MOUN ▬▬ KI NAN BEZWEN YO?

Sa a se yon lòt kesyon ki dwe mete nou nan refleksyon. Kouman mwen kapab ede? Ki sa mwen kapab bay? Ki sa mwen kapab fè?

Nou jwenn yon repons nan Bib la nan Levanjil dapre Matye 25:

31- 46. Non pasaj sa a se 'Jijman tout nasyon yo'. Mwen vle pataje vèsè 31 a 40 lan literalman, li di konsa:

31 - Lè moun Bondye voye nan lachè a va vini nan tout bèl pouvwa li ak tout zanj li yo, l'a chita sou fotèy li ak tout bèl pouvwa li.

32 – Tout nasyon ki sou latè va sanble devan li. Lè sa a l'a separe yo fè de gwoup, menm jan moun k'ap gade mouton mete mouton yon bò, kabrit yon lò bò.

33 – Li va mete mouton yo sou bò dwat li, kabrit yo sou bò gòch li.

34 – Apre sa, wa a va pale ak sa ki rete sou dwat li yo, li va di: Vini non, nou menm ki resevwa benediksyon Papa m'; Eritye wayòm ki te pare pou nou depi lè Bondye t'ap kreye mond lan.

35 - Mwen te grangou, nou te ban m 'manje, mwen te swaf dlo, nou te ban m' bwè; Mwen te lwen peyi mwen, nou te resevwa mwen lakay nou.

36 - Mwen te toutouni, nou te banm rad, Mwen te malad, nou te pran swen m; Mwen te nan prizon, nou te vin wè mwen.

37 - Lè sa a, moun ki te fè byen yo va reponn li: Mèt kilè nou te wè ou grangou pou nou te ba ou manje? Oswa lè nou te wè ou swaf dlo pou nou te ba ou bwè?

38 - Oswa kilè nou te wè ou lwen peyi w epi resevwa ou lakay nou, oswa toutouni epi ba ou rad pou mete sou ou?

39 - Kilè nou te wè ou malad osinon nan prizon epi vizite ou?

40 - Wa a va reponn yo, sa m'ap di nou la a, se vre wi : Chak fwa nou te fè sa pou youn nan pi piti pami frè m yo, se pou mwen nou te fè li.

Ki remak nou fè sou imaj sa a? Anplis li dramatik sou fason Seyè a pral jije aksyon nou yo, li tou ban nou yon lis nan fason ke nou kapab ede moun ki nan bezwen yo, non sèlman sou fòm endividyèl, an gwoup oswa kòm yon pati nan travay Legliz kote nou mache a.

Èske nou kapab revize lis la?

GRANGOU

Grangou a se youn nan pwoblèm ki pi grav pou moun k'ap viv. Lè timoun piti yo poko kapab pale, yo kriye pou moutre yo grangou. Nan Amerik Santral jodi a gen anpil timoun k'ap soufri ak malnitrisyon akoz de manke manje (nan kèk peyi jiska 60% nan timoun ki poko gen 5 an). Ki sa noumenm kretyen yo nou kapab fè pou Seyè a kapab di nou: "Mwen te grangou, nou te ban m manje"?

Bib la pale nou de anpil moun ki te soufri grangou dapre listwa. Nan Ezayi 58: 7 di ke Bondye kontan lè pitit li yo separe sa yo genyen ak lòt moun, lè li te di konsa : Separe sa nou genyen ak moun ki grangou, louvri pòt kay nou pou nou resevwa moun ki pa gen kote pou yo dòmi, pa sispann lonje men bay frè parèy nou.

Konbyen moun ki bò kote nou ki grangou? Nou kapab sèvi solisyon nan grangou moun sa yo si nou pataje sa nou genyen ak yo, espesyalman timoun yo, granmoun aje yo, andikape yo, elatriye. Men nou ka ale pi lwen nan aksyon pou soulaje grangou a.

Anpil moun grangou paske yo pa gen travay. Nou te kapab ede yo jwenn travay epi yo ta kapab satisfè bezwen yo, san yo pa kreye depandans. Nou ta kapab ede yo resevwa fòmasyon pou yo kapab jwenn pi bon opòtinite pou yo travay epi amelyore lavi ekonomik yo.

Gadri ak kantin pou timoun yo nan legliz la se yon lòt fason pou reponn ak bezwen manje pou kominote a. Pwogram nitrisyonèl depi nan legliz la kapab yon trè bon rezilta pou konbat grangou a.

Nan zòn agrikòl yo nou ta kapab fè fòmasyon pou kiltivatè yo konnen pi bon metòd yo dwe itilize pou yo fè pi bon rekòt, oswa fè chanjman nan pwodwi lòt pwodwi yo ki kapab amelyore kondisyon lavi yo epi satisfè bezwen manje yo.

Ou kapab rann ou kont ke, repons nou an kapab soti depi nan pataje yon pen ak moun ki nan grangou a jouskaske nou antre nan pwogram devlopman sosyal ki amelyore kapasite ekonomik moun yo. Leseyè Jezi va di ou: "Lè ou te fè l pou youn nan pi piti pami frè m yo, se pou mwen ou te fè li" (Matye 25:40).

SWAF

Lòt gwo pwoblèm ki genyen nan mond lan jodi a se mank dlo pwòp pou konsomasyon. Ala bagay rèd se swaf dlo epi konnen konnen ke pa genyen!

Nou sonje istwa pèp Izrayèl la nan dezè a lè yo te prèt pou yo vire nan rebelyon kont Moyiz akoz te manke dlo: "Ou mennen nou nan dezè sa a pou nou mouri swaf dlo". Bondye te fè dlo soti nan yon wòch epi ba yo dlo annabondans.

Nan Levanjil selon Matye 10:42 di: "Nenpòt moun ki bay youn

nan ti piti sa yo menm yon vè dlo frèt paske se disip mwen li ye, moun sa a pap pèdi rekonpans li".

Nou kapab konfòme nou tou senpleman ak bay "yon vè" dlo ak moun ki swaf dlo a, men fas ak bezwen dlo a nan kèk kominote nou ta kapab bay tèt nou pou chèche yon solisyon pèmanan ki reyèlman kapab rezoud pwoblèm pou pou jodi a ak demen ak tout jou yo ki pral kontinye aprè.

Li enpòtan tou pou yo anseye kominote yo aprann konsève rezèv dlo ki pwòp. Youn nan pwoblèm mond lan jodi a se destriksyon anviwònman an. Destriksyon forè yo lakòz pèt dlo natirèl ki enpòtan anpil. Polisyon anviwònman an ap transfòme sous yo an dlo pi an dlo ki pa bon pou moun sèvi.

Nan Bib yo rakonte istwa pwofèt Elize. Nan yon okazyon yo te vin di li ke dlo a pa t' bon pou moun sèvi. Li te mande yon vèso tounèf ak sèl epi avèk sa li te dezenfekte dlo a (2 Wa 2: 19-22). Èske nou pa kapab kounye a nou menm tou angaje nou kòm moun epi kòm legliz pou nou rive ede moun yo gen bon kalite dlo? Yon fason se ta angaje nou nan komite vwazen yo pou pèmèt kominote a gen aksè ak dlo.

TOUTOUNI

Povrete a ak izolasyon fè anpil moun jodi a mank de vètman ki apwopriye. Nan kominote izole yo, kote ki gen povrete ekstrèm, moun ki gen difikilte de bagay ki nesesè pou yo siviv. Nan kèk sezon nan ane a, espesyalman trè frèt, moun yo nan nesesite pou rad oswa dra pou yo kouvri, otreman li ta kapab vin malad e menm mouri pa mank de abri.

Epitou sa souvan rive lè gen dezas natirèl tankou inondasyon, tranblemanntè, siklòn, moun yo pèdi tout bagay yo, ki gen ladan rad yo tou.

Kisa nou prè pou nou fè? Jan Batis t'ap mache bay mesaj la nan tan Jezi a. Nan yon okazyon li te pale ak moun ki t'ap koute li yo de nesesite moun yo. Moun ki t'ap koute li yo te poze li kesyon sa a, Kisa nou ka fè? Li te ba yo yon repons enteresan: "Se pou moun ki gen de rad, bay moun ki pa genyen youn... (Lik 3:11). Nou ta kapab di jodi a:"Se pou moun ki gen plis rad pase sa li bezwen li dwe pataje li avèk moun ki pa genyen". Mwen vle di rad ki nan bon kondisyon, yon bagay ke ou menm ou ta sèvi.

Apot Jak fè nou sonje nan lèt li a: "Sipoze yon frè osinon yon sè san rad ak manje ki nesesè pou jounen an, epi yonn nan nou di l: ou mèt ale anbyen, mete tchakèt nou sou nou epi manje tout sa nou vle, men pa ba yo sa kò yo bezwen, kisa w itil yo? (2:15

ak 16). Rad ak soulye ka byen itil pou moun ki nan nesesite, ann pataje sa nou genyen.

MALADI

"Mwen te malad epi ou te vizite m". Lè yon moun ki malad yo lage poukont yo se yon bagay ki tèrib. Yon vizit pou sipò, pou lapriyè, ankourajman, se yon gwo èd menm nan pwosesis rekiperasyon an.

Bib la ankouraje nou priye pou malad yo ak vizite yo. Liv Jak la di ke lapriyè ki fèt avèk lafwa ap geri malad la. Kèk etid syantifik kounye a koumanse dekouvri sa kòm yon gwo verite.

Nan tan biblik la vizite yon malad se te tout sèl bagay ke yon moun te kapab fè pou li, nan tan pa nou an sitiyasyon yo chanje, nou ka fè pi plis pou yo. Ki sa ou panse ke nou kapab fè pou malad yo anplis de vizite, lapriyè, wen yo avèk lwil oliv?

Mwen ta renmen bay kèk sijesyon nan direksyon sa:

a. Nou ta kapab al bay èd nou nan pran swen kay la ak lòt manm nan fanmi an, espesyalman si se manman an ki malad.

b. Nou ta kapab ale bay èd nou nan fè acha medikaman ki nesesè pou rekiperasyon an. Anpil fwa maladi a vin pi agrave sitiyasyon ekonomik fanmi an epi yo pa kapab achte medikaman ki ta pou ede yon retablisman rapid.

c. Nou ta kapab pote malad la lopital, swa yon klinik prive oswa piblik, pafwa pasyan an pa konnen ki kote pou li ale, kèk fwa se menm maladi li genyen an ki anpeche li chèche èd. Okazyon sa yo tou vle di ke nou dwe bay sipò ekonomik nou tou.

d. Nan kèk legliz gen pwofesyonèl medikal ki ka bay tan pou koumanse yon pwogram swen sante nan menm legliz la, lè l sèvi avèk fasilite ke legliz la genyen yo, anèks li yo, sal klas lekòl Dimanch, elatriye. Sa a ap ede moun yo vini ak konfyans epi san yo pa gen pwoblèm pou fè fas ak depans ak swen sante jodi a ki vrèman difisil.

Kòm nou wè nou ka fè pi plis pase vizite malad la, nou kapab angaje nou tou nan jwenn solisyon pou pwoblèm maladi a.

Genyen kominote kote pwoblèm sante a kwonik tou, tou depann de fason moun ap viv la, la a nou ta kapab, pèsonèlman oswa kòm legliz koumanse yon pwogram edikasyon sou lasante pou pèp la pa malad. Si nou sèvi ak Bib la kòm yon manyèl pou lasante, nou ka jwenn gwo verite ki anseye moun yo viv dapre prensip yo nan pawòl Bondye a.

Anpil fwa nou repete ke "Bondye se gerisè nou", men nou bliye kondisyon yo pou kisa li geri nou. Nan Egzòd 15: 26 nou jwenn pasaj sa a: "Si nou koute m lè m pale nou, si nou fè tout sa ki dwat devan mwen, si nou louvri zòrèy nou pou swiv kòmandman mwen yo, pou nou kenbe lòd mwen ban nou, "mwen pap voye malè sou nou, jan mwen te fè moun peyi Lejip yo. Se mwen menm Seyè a k'ap geri nou".

Si nou ka anseye kòmandman Bondye yo bay tout moun, nou ta kapab kontribye nan elwaye move maladi nan kominote a.

NAN PRIZON

Moun sa yo ki nan prizon pwobableman se moun ki pi difisil pou moun ministre, men se moun ki nan plis nesesite.

Pwofèt Ezayi enspire pa Lespri Bondye a li te di pawòl sa a yo sou travay ke Jezi te gen pou l vin fè nan mond lan: "Lespri Bondye, Seyè a, desann sou mwen, paske Seyè a te chwazi m'! Li te voye m pou m anonse Bon Nouvèl la bay moun ki nan lapenn yo, pou m geri tout moun k'ap soufri yo, pou m fè tout moun yo te depòte yo konnen yo delivre, pou m fè tout prizonye yo konnen pòt prizon louvri pou yo" Ezayi 61: 1).

Travay la se pi plis pase vizite prizonye yo, se chèche fason pou lage yo. Espesyalman ede yo jwenn libète anba pouvwa peche nan yon rankont pèsonèl avèk Jezi Kris epi anseye yo pou yo viv tankou kretyen menm anndan prizon an.

Moun ki nan prizon an ekspoze anba anpil pwoblèm, yo menm aprann plis move bagay, epi soti nan prizon yo menm vin pi mal pase anvan epi evantyèlman kapab menm retounen nan prizon an ankò. Ki jan nou menm kretyen yo nou kapab ede nan restorasyon prizonye yo?

Okòmansman vizite yo. Sa a kapab difisil si nou pa fanmi yo oswa zanmi yo. Gen anpil vizit nan prizon pa mwayen gwoup evanjelik k'ap preche epi chante. Nou ka fè plis pase sa. Ede yo pou yo viv ak diyite nan prizon an, ede yo pou lavi yo kapab restore pa mwayen pwogram etid, fòmasyon pou travay, elatriye. Se konsa, lè yo soti nan prizon an pa sèlman pou yo pa komèt krim ankò men yo va yon benefis pou sosyete a.

Gen lòt aspè mwen pa vle neglije, epi se sonje nesesite fanmi moun ki nan prizon yo ki kapab ap travèse moman ekonomik difisil paske pa gen moun ki pou chèche pen chak jou pou kay la. Nou kapab sèvi gwo èd nan vizite ak ede fanmi an dapre nesesite yo.

Lòt bagay ki enpòtan nou pa dwe neglije nan sa ki gen pou

wè avèk restorasyon lè moun nan fin soti nan prizon an. Li difisil pou yon ansyen prezime pran plas li nan sosyete a si li pa gen yon bon zanmi k'ap gide li, pou ba li travay epi ede li abitye ak viv avèk libète.

Kisa OU Panse de diferan Fason sa a yo ke nou kapab sèvi lòt yo epi nan menm tan moutre yo yon karaktè kretyen? Èske se vre gen anpil bagay nou kapab fè? Konpasyon kretyen an se yon zouti ki itil pou demoutre avèk aksyon ki klè chanjman ke Bondye fè nan lavi nou.

PRENSIP FONDAMANTAL KONPASYON AN

Li posib pou kea pre w fin li tout sa, ou poze tèt ou kesyon, èske m'ap kapab mete konpasyon an pratik nan lavi mwen? Èske m'ap kapab ede frè parèy mwen yo? Men kite m di w ke nou tout ki se pitit Bondye nou gen pouvwa pou nou renmen lòt yo avèk konpasyon epi sèvi yo kòm konsekans.

Istwa Bon Samariten an nan Lik 10: 25-37 , gen twa bagay enpòtan nou dwe toujou la nan tout aksyon èd pou pwochen ke n'ap antreprann.

1. LANMOU: Sa a se engredyan ki pi enpòtan nan yon pwogram èd. Apot Pòl nan 1 Korentyen 13: 3 di ke nou ka separe tout byen nou genyen yo bay pòv yo, jouk nou rive bay rad sou kò nou pou yo boule, men si nou pa gen lanmou, sa pa vo anyen. Lanmou an se bezwen ki pi enpòtan nan mond lan jodi a. Nou tout ki aksepte Kris kòm Sovè nou, nou te resevwa yon pòsyon renmen nan men l 'epi nou kapab pataje li ak lòt yo. Moun yo anvi wè ak resevwa lanmou Bondye a.

2. TAN: Nan istwa Samaritan nou ka wè ke li te pase pou pi piti yon jou ak yon nwit ap ede nonm sa a ki te yon moun lòt nasyon. Jezi te toujou pran tan pou l ede moun ki nan bezwen yo. Poukisa li tèlman difisil pou nou bay tan nou pou lòt yo? Nou dwe toujou sonje ke Jezi te ban nou tan lè nou te pèdi san espwa lavi ki pap janm fini an. Nou dwe konsakre tan pou moun ki bezwen èd nou yo.

3. RESOUS PÈSONÈL: Samariten an te envesti resous li yo pou l te ede malere a: li te netwaye blese li yo epi apre sa li mennen l' kay doktè anplis li peye depans yo. Yon pwogram asistans bezwen envestisman an nan resous nou yo.

Twa eleman konpasyon yo: lanmou, tan ak lajan. Pataje yo souvan mande sakrifis, li pap fasil.

Kesyon an pou nou jodi a se: èske nou prè pou nou swiv

egzanp Jezi a?

Kòmandman Jezi kontinye menm jan, "Ale oumenm epi fè menm jan an tou" (Lik 10: 37).

REFERANS

(1) Redanmtè: Soti nan vèb rachte ki vle di achte avèk lajan yon bagay ki te pèdi. Akoz de renmen Bondye peye pri libète nou anba pouvwa peche lè li te bay Pitit li a Jezikris vin mouri sou kwa a nan plas nou.

(2) Lamàn: likid ki pwodwi pa mwayen kèk plant sirèt ki tankou koton ke Bondye bay anpil anpil pa mirak pandan 40 ane pandan pèp Izrayèl t'ap viv nan dezè Sinayi a (Egzòd 16:35).

(3) Kway: Zwazo ki gen menm gwosè avèk yon ti poul ki deplase an gwoup. Bondye te bay anpil nan zwazo sa yo nan dezè Sinayi a pou pèp Izrayèl la (Egzòd 16:13).

(4) Don sèvis: Mo don vle di "kado". Don yo se kado Bondye bay pitit li yo, tankou lavi ki pap janm fini an, lanmou, ak plizyè lòt ankò. Bondye moutre pitit li yo sèten ministè pou fè travay pou li tou. Kapasite sa a soti nan Bondye epi li bon nèt pa mwayen etid ak pratik. Don sèvis sa a yo ki sot mansyone isit la yo se sa ki gen rapò ak konpetans epi talan ke yon moun bezwen pou sèvi moun ki nan bezwen yo, tankou: janti epi ak renmen resevwa moun; prèt pou fè travay tankou pran swen moun ki malad, pran swen timoun yo, granmoun aje yo. Epitou moun ki gen kapasite pou prepare manje, koud rad, netwaye, geri, bay konsèy, ak anpil lòt ankò.

Bibliografi

1. Vèsyon Bib ki te itilize pou feyè sa a se:

2. Bib etid, Bondye pale jodi a.

3. Bib nan langaj fasil.

4. Bib, Reina Valera, revizyon 1960.

ISTWA AK MINISTÈ LEGLIZ NAZAREYEN AN NAN LEMOND

Ruthie Córdova Carvallo

ENTWODIKSYON

Legliz Nazareyen an sòti nan yon kontèks revèy espirityèl nan Etazini pa predikasyon ak ansèyman doktrin biblik sentete a, yon syèk anvan nan peyi Angletè te gen yon revèy ak refòm pou menm rezon an, ki te dirije pa predikatè John Wesley.

Kontèks la nan dizwityèm syèk, peyi Angletè te tris epi sonb. Eta moral, sosyal, ekonomik, devlopman politik te yon katastrof. Klas popilè yo te inyoran, pòv, grosye, vyolan, epi anachik.

Peyizan yo te nan yon eta de semi-babari, travayè min yo te nan yon lavi mizerab, yon ti kras sèlman te ka li ak ekri.

Legliz Anglikan an te neglije ansèyman biblik epi klèje a te neglije syans teyolojik , yo vin anbisye epi kenbe pozisyon eklezyastik yo.

Nan mitan sitiyasyon sa a, kèk kretyen fidèl t'ap chache nan chanje peyi a, amelyore kondisyon moral moun yo avèk sipò gouvènman an, pandan y'ap kreye refòm nan koutim ki te gen sant lavi relijye yo.

Pandan tan sa a, John Wesley t'ap grandi, yo t'ap edike epi prepare li pou li devni yon minis. Pwòp eksperyans espirityel li ansanm avèk Bondye detèmine anpil nan desizyon ke li pran nan lavi li ak ministè li. Se konsa, li te vin tounen yon enstriman kle nan Bondye , yo anseye doktrin sentete a, fè konnen epi ankouraje moun yo atravè kriz ki te gen nan peyi a. Wesley Li te popile pou travay li nan mitan moun ki te nan bezwen, li te kont lenjistis ak sa ki mal, epi li te gen sousi pou enkyetid sosyal sou kwasans lavi espirityèl chak moun, gwo dezi li se pou tout moun konnen Bondye nan yon relasyon pèsonèl ak nan etid Pawòl Li, li te fe tout efò pou li preche epi bay yon edikasyon teyolojik ekselan, epi ak pasyon li t'ap pwoklame bon nouvel sou kijan Bondye delivre nou.

Aksyon sa yo te kòmanse nan nivo lokal epi vin pran gwo

ekstasyon nan tout pati nan peyi Anglete ki kreye yon revolisyon.

Anpil moun te vin pou koute predikasyon ak eksplikasyon Wesley konsa anpil moun te tounen vin jwenn Bondye epi kite lavi peche yo. Sa pa sèlman afekte lavi espirityèl nan peyi a, men tout zòn yo jwenn refòm nan jistis, byennèt ak amelyorasyon. Kantite moun yo t'ap grandi, konsa Wesley te fòse bay estrikti nan mouvman sa a. Lè sa a, Metodis parèt ki gen misyonè e li te rive nan peyi Etazini.

MOUVMAN SENTETE A NAN ETAZINI

Gwo refom sa (1) ki te egziste nan Peyi Anglete ak John Wesley pran nan koloni Britanik nan peyi Etazini. Thomas Webb, se moun ki te kòmanse preche doktrin pèfeksyon kretyen an (2) nan nouvo nasyon an. Li te ansanm ak yon lòt jèn filozòf Britanik FRANCIS ASBURY ansanm yo etabli avni anpil predikate ki t'ap mache bay mesaj li. (3) metodis te kòmanse grandi ti pa ti pa nan Etazini, men tou, tan ke eksitasyon espirityèl te vini tou nan peyi sa kote ki gen sou pye mouvman kretyen (4) nan diferan peyi Ewòp, sa te enfliyanse panse ak lavi pèp la.

Pandan ke yo t'ap mache bay mesaj levanjil la ak doktrin Sentete a nan tout rankwen yo, yo te deja kòmanse we rezilta yo nan eksperyans yo. Se poutèt sa, layik nan legliz yo te rankontre nan yon kay chak semèn pou fe etid biblik pandan yo te kontinye ap mache bay mesaj doktrin kretyen an. Yo te anseye ki jan yon moun kapab sanntifye, kijan lavi yon moun k'ap viv nan sentete dwe ye, kijan yo kapab temwanye bay lòt moun epi tou pou pataje pwòp eksperyans pa yo.

Nan reyinyon sa yo, se pa sèlman Methodis ki ale men gen lòt kretyen ki gen lot konfesyon tou ki patisipe, anpil moun te enspire al chache lavi apa pou Bondye nan kè yo atrave prech espirityel pou refòm evanjelis yo t'ap preche a. Gason ak fanm ki te resevwa eksperyans nan sentete a te temwaye ak anpil gwo egzanp.

Yo gaye refom sentete a atravè peyi a. Kwazad yo te fèt, reyinyon lapriyè nan kay, piblikasyon, reyinyon deyò, kan, elatriye nan bi pou fè pwomosyon epi vilgarize mesaj doktrin sentete a.

Pou yon ti tan te gen yon gwo revèy espirityèl, men li te diminye ak epidemi Lagè Sivil nan Etazini kote peyi a te divize an de gwoup.

Pita nan legliz la vin gen tansyon sou fòm ki pi akseptab pou konpòtman ak adorasyon an.

Nan objektif poun nou reviv legliz yo, te gen reyinyon kan ki te kòmanse pou ankouraje sentete, men li kreye nouvo tansyon ant legliz la ki etabli kòm yon enstitisyon ak reyinyon deyò pou semèn nan pou fè pwomosyon yon doktrin ki te lakòz konfli. Anplis te vin gen aparisyon predikatè ki t'ap pwopoze refòm e ki te ajan divizyon.

Defensè doktrin sentete a yo te fòme yon gwoup ki rele Mouvman sentete, aprè sa te vin gen opozan a doktrin nan, e sa a te lakòz mouvman an divize, se konsa 23 denominasyon sentete diferan vin parèt nan sèlman sèt lane.

BIOGRAFI PHINEAS F, BRESEE

Phineas Bresee Franklin te fèt le 31 désanm 1838 nan yon ti kay peyizan nan la vil nan Franklin, nan zòn Delaware nan eta Nouyòk, Etazini. Phineas te dezyèm nan twa timoun nan fanmi an.

Paran li yo se te Phineas P. Bresee, mèt yon jaden e aprè sa a yon magazen, ak Susana Brown Bresee. Tou de te kretyen Metodis, manm Legliz Metodis Episkopal.

Phineas fè etid primè ak segondè li nan lekòl Nouyòk, men li pa t 'kapab pouswiv pi wo akòz mank resous ekonomik. Li te kwè nan edikasyon an paske li ensiste sa a nan lavi ministeryèl li, nan preparasyon pou lòt ministè yo ak nan nouvo denominasyon an.

Phineas te gen repitasyon yon lidè onèt pou jan li te ye trè aktif epi motive nan travay misyonè a. Li te vin yon predikatè ki briye ak lavi li epi ak karaktè kretyen an, aprè sa se de doktrin nan ak lavi sentete a li te briye. Li te yon bon administratè nan legliz la tou. Paske li te sansib a bezwen lòt moun, Phineas te konn vizite malere yo ak malad yo. Nan pwòp resous li yo li te konn pote bagay pou yo manje ak lajan. Li te gen yon pasyon pou evanjelizasyon pòv yo ak pwoklamasyon lavi sentete a. Epitou li te opoze ak pawòl epi ak aksyon kont esklizyon sosyal e li te goumen nan kanpay kont alkòl.

Anplis tout bagay sa a, Phineas F. Bresee te yon jenn gason ki gen vizyon. Chak legliz li te dirije kòm pastè te fè'l grandi e yo te sant revèy kote mesaj levanjil la ak doktrin sentete a t'ap preche. Mo l 'yo te akonpaye avèk fòs zèv li yo.

Phineas aksepte Seyè Jezi a kòm Sovè li lè li te gen 18 lane kòm yon eksperyans pèsonèl, byenke li te grandi nan yon kay Kretyen ak aprann tout bagay sou lavi kretyen. Aprè yon lane, yo te rele'l nan ministè pastoral la. Se konsa, Legliz Metodis Episkopal la te nonmen'l pastè asosye oswa asistan pou yon lane bò kote Rev. A. C. Barnhart. Avèk èd li, Phineas te pran epi pase tout kou ministeryèl li yo. Ane annapre a, yo te nonme li pastè nan yon jiridiksyon an Pella, Iowa epi ane aprè a lè Phineas te gen 21 lane, li te resevwa premye lisans pastoral li.

De lane pita, nan 1861, Phineas Bresee te òdone kòm yon presbitè, epi li tounen nan Nouyòk pou li marye ak mennaj li Mari Hibbard.

Pandan ane sa yo, lesklavaj moun nwa yo te alamòd. Phineas pa't pataje ak nòm sila a ki te fò anpil nan zòn sid peyi a. Se poutèt sa, li te mande pou transfere l pou li kite Pella, Iowa a yon lòt jiridiksyon. Alòske yo voye li Galesburg nan menm zòn Iowa a. Se te yon zòn byen difisil. Pou kèk tan, Bresee te fristre epi anmè kou fièl ak plas la, men apre anpil priyè ak Bondye, li te pran'l kòm yon defi epi li te mande Bondye pou ede'l.

Apre yon lane kòm pastè zòn sa, Bresee resevwa 140 nouvo manm nan legliz li a. Li te kapab achte yon kay pawas konfòtab, de chwal ak yon machin oswa cha.

Phineas Bresee te gen kounye a 23 lane epi li te gentan pwouve ke li pèsistan epi li jwenn siksè nan ministè li kòm pastè. Apre sa, li te asiyen kòm pastè yon legliz nan kapital la nan Des Moines Iowa, ke li sove anba men Fianciera Wine.

A laj 28 lane, Phineas Bresee jwenn nan vi espirityèl li eksperyans sanktifikasyon an, apre yon tan ke li t'ap chache repons a kesyon li yo ak dout sou lafwa kretyen an. Apre tou sa, li reyalize ke lavi l 'te gen tandans kòlè, ògèy ak lanbisyon materyèl e li pa t 'vle sa. Evènman sa a te pran plas nan youn nan reyinyon lapriyè nan legliz la epi pandan lapriyè a li te priye Bondye pou li satisfè bezwen netwayaj nan vi li de tout move lide sa yo.

Pandan ane sa yo, Bresee te grandi anpil nan lavi espirityèl li epi li devlope ministè li kòm pastè plizyè legliz (piti kou gwo, nan pwovens oswa nan vil yo) nan eta diferan ak anpil pozisyon enpòtan lè n'ap konsidere lidèchip denominasyon li a.

Lè li te gen 45 lane, yo te voye'l preche nan Premye Legliz Metodis Episkopal Los Angeles, Kalifòni. Kongregasyon an te tèlman renmen'l ke nan lespas de semèn yo te mande'l pou li vin pastè nan legliz la.

Lè sa a, nan lane 1886 li yo te envite li pou li vin pastè yon ti legliz nan yon ti vil yo rele Pasadena, Kalifòni. Bresee aksepte epi kòmnse kanpay evanjelizasyon ak reyinyon an plenè avèk travayè konstriksyon ki te rete la. Dela etan malgre tout evènman ki te pase, Phineas ta pral kòmanse devlope vizyon pou yon legliz entènasyonal ki chita sou sentete. Ministè Bresee a te dinamik anpil epi varye. Li pat fèt sèlman pou yon sèl kote, nan yon tip de legliz epi yon kalite aktivite pou gaye doktrin sentete a. Apati laj 57 lane, Phineas F. Bresee te kòmanse yon denominasyon nan doktrin sentete a epi viv yon mannyè pou pote fwi, pastè ak predikatè ki soti nan legliz la. Li te kontinye ap preche sentete a jiska dènye ane nan vi li. Li te mouri lè te genyen 77 lane, 13 Novanm 1015.

ORIJIN LEGLIZ NAZAREYEN AN

Nan ane 1895 Bresee te gen 57 lane, li te koumanse kite lestrad metodis la pou li fè sèvis ministè pou pòv yo. Dezi'l se te gen yon òganizasyon travayè ki ta pèmèt moun ki pa fè pati yon legliz, pou yo fè pati de misyon li te vle kreye a epi konsidere'l kòm kay espirityèl yo.

Pandan ke li t'ap travay kòm pastè, Bresee te rive lwe yon lokal pou li etabli misyon an nan vil Peniel, Kalifòni, epi li kòmanse travay evanjelizasyon avèk travayè konstriksyon ak faktori yo. Li rele li Misyon Peniel. Lè l 'te mande apwobasyon lidè li yo pou angaje li nèt tout tan kòm direktè. Sa ta vle di ke li t'ap sispann dirije legliz lokal yo. Malgre ke li te apwouve, lidè yo pa't kontan kenbe travay sa a endepandan epi pou Bresee ta toujou rete yon minis Legliz Metodis. Yon lòt bò, mèt pwopriyete lokal la mande li pou li te kite lokal la paske li pa t' yon biznis kote pou te bay benefis. Phineas Bresee te santi li tris anpil epi dekonsantre paske travay la te sou wout pratikman pou l te disparèt. Gwo soufrans epi apre anpil lapriyè, Bresee te mande lidè li yo pou mete non li nan lis minis inaktif yo epi konsa, li te soti nan denominasyon an.

Nan jou sa yo, Bresee te aprann ke bon zanmi li Dr Widney, ke li te anonse kèk tan de sa depa li pou ale nan yon lòt eta pou rezon etid li, men li pa t' ale pou travay Bondye a.

Yo te rankontre, te pale, priye ansanm epi deside fòme yon nouvo òganizasyon ki ap kontinye ak pwogram kreye kay espirityèl pou pòv yo.

Avèk èd plizyè zanmi, li jere yo pou kontinye chache yon pi gwo lokal, Yo te jwenn li epi lwe li gwoup la òganize l. Yo te reyalize premye sèvis yo epi yo te remake jan yo te grandi sa fè yo te deside òganize yo tankou yon legliz.

Se konsa, Bresee ak Widney selebre premye reyinyon yo nan jou ki te 6 Oktòb 1895 nan Red Men's Hall, toupre Penyèl, Kalifòni. De semèn apre gwoup la te gen 86 moun ki gen ladan l' fanmi zanmi lidè Methodis ak pwòp fanmi yo. Sa a te premye gwoup ki te òganize Legliz Nazareyen an.

Dr Widney te preche yon mesaj ki chita nan Levanjil Lik la sou pawòl Jezi te di "swiv mwen" a disip li yo. Nan mesaj li a, Widney te eksplike rezon ki fè yo te fonde yon nouvo denominasyon se paske metòd ak jesyon legliz ansyen an te yon obstak nan travay evanjelizasyon pòv yo. Epitou Li te di yo ke li te chwazi non Legliz Nazareyen paske li parèt ke mo "nazareyen" an senbolize misyon enb e laborye Jezi, anplis de sa se te non Jezi li menm te itilize epi ènmi li yo te itilize non sa pou pase li nan rizib

Pou fè fas ak kwasans san rete sa a, Bresee lapriyè pou posibilite pou jwenn tè pou bati yon legliz ki pi gwo. Kèk Mwa pita, Bondye fè pwovizyon yo te bati yon sanktyè osinon yon tabènak ki ka kenbe 400 moun. Kongregasyon an kontinye ap grandi se konsa sa te fè yo reflechi pou agrandi Edifis la pou li kenbe 600 moun.

Sèvis adorasyon ak predikasyon sentete a atire plis ak plis moun. Anpil nan yo te konvèti ak anpil te sanntifye. Revèy la te enkwayab. Nazareyen te montre kè kontan yo lè y'ap chante, nan devosyon yo ak sekirite yo genyen nan eksperyans sentete a lè yo ap tande pwoklamasyon verite sa yo nan Pawòl Bondye a. Rapid rapid anpil moun soti tout kote nan Etazini damerik ak lòt moun ki soti nan lòt denominasyon pou vini legliz Nazareyen nan eta Los Anjelès, Kalifòni. Se konsa, legliz la louvri tabènak nan lòt vilaj ki tou pre epi yo etann yo nan lòt Eta vwazen nan peyi a. Nan ane 1897 Legliz Nazareyen ante enterese pou ale preche nan lòt kilti yo, konsa yo te etabli yon misyon nan mitan espanyòl yo ki t'ap viv nan Los Anjelès, Kalifòni, menm misyon sa ki rive jouk Tegzas epi yon misyon kominote chinwa. Nan kèlke ane, kwasans Legliz Nazareyen an ak lòt legliz ki nan doktrin sentete a te tèlman ap grandi, yo te kòmanse ini yo nan lide pou pataje ak ankouraje travay la. Legliz Evanjelik del Pueblo nan Rhode Island ini ansanm ak Legliz endepandan Sentete nan Masachouset. Asosyasyon Santral Evanjelik sentete ansanm ak Asosyasyon Legliz Panntekostal Nò Ameriken. Legliz Kris Nouvo Testamen ini ansanm ak Legliz endepandan Sentete. Nan jou ki te 11 Oktòb 1907 nan Chicago yo te reyini Asosyasyon Legliz Panntekostal Nò ameriken ansanm ak Legliz Nazareyen ki vin bay kòm rezilta Legliz Nazareyen Pentekostal. Konsa, Nan asanble jeneral, akote Phineas F. Bresee, yo ajoute lòt sirentandan jeneral (manm asosyasyon an) Rev. H. F. Reynolds.

Nan jou ki te 13 Oktòb 1908 la nan Pilòt Point, Texas Legliz Kris sentete a te reyini ansanm ak Legliz Nazareyen epi yo te eli yon lòt sirentandan jeneral Rev. E. P. Ellyson. Nan mwa Fevriye 1915, Misyon Pentekostal Sentete ini ansanm ak Legliz Pentekostal Nazareyen. Lòt gwoup ki nan doktrin sentete a rejwenn Legliz Nazareyen an apre. Akò inyon yo a te base sou doktrin fondamantal lavi kretyèn nan epi ki te esansyèl pou vi Sentete a. Nan Asanble Jeneral ki te fèt nan ane 1919 la, distri yo te fè yon petisyon pou yo retire mo "pentekostal" nan non denominasyon an paske nan anbisyon relijye, yo te chanje pwen santral Sentete a an don pou pale an lang. Kèk denominasyon ap ankouraje don sa a epi pawòl la ta ka vin kreye konfizyon nan tèt moun yo epi yo te ka panse Legliz Nazareyen se te youn pami yo. Pou rezon, denominasyon an retounen nan orijin li kòm Legliz Nazareyen.

DEKLARASYON MISYON AK ▓▓▓▓▓
VALÈ BAZIK

Legliz Nazareyen an te fonde pou transfòme mond lan atravè pwoklamasyon levanjil la ak sentete ki nan bib la. Misyon li se fè disip nan imaj Kris la nan tout nasyon yo.

Se yon pèp kretyen : Antanke manm legliz inivèsèl la, Manm Nazareyen yo ini ak tout kwayan yo pou fè konnen senyeri Jezi Kris ak kredo konfyans nan Bondye kretyen an. Yo menm tou yo apresye eritaj Wesleyèn nan ki chita sou sentete epi konsidere se yon fason pou konprann konfyans nan Bondye a ak verite dapre sa ki ekri nan Liv la, rezon, tradisyon ak eksperyans li.

Se yon pèp kisen

Bondye sen e li rele nou tout pou lavi nan sentete a. Nazareyen yo kwè ke Sentespri a vle reyalize yon dezyèm travay nan chak moun, yo bay travay sa plizyè non tankou "Batèm nan Sentespri a." Sa a se netwayaj de tout peche, renouvle imaj Bondye nan ou, kapasite pou renmen Bondye ak tout kè, nanm, lespri ak fòs ou ak frè parèy ou tankou pwòp tèt pa ou; pwodwi Pèsonaj Kris la nan nou chak. Sentete nan lavi a pou moun ki kwè vle di sanble ak Kris la.

Se yon pèp misyonè : Nazareyen yo santi yo se yon pèp anvwaye, ke yo reponn a apèl Kris la epi yo ap resevwa fòmasyon pa pouvwa Sentespri a pou yo ale nan mond lan, pou temwanye Senyè Kris la epi patisipe avèk Bondye nan edifiasyon legliz la epi fè grandi gouvènman li a '. Misyon w kòmanse nan adore, preche mond nan evanjelizasyon ak konpasyon, ankouraje kwayan yo nan direksyon pou yo vin gen matirite kretyèn pa mwayen fè disip ak prepare fanm kou gason pou sèvis kretyen an atravè plis edikasyon.

POLITIK, ESTRIKTI AK KWASANS

Legliz Nazareyen an depi nan komansman an Li mete aksan sou ministè evanjelizasyon, edikasyon ak konpasyon. Kòm denominasyon an t'ap grandi epi fè enpak nan mond lan, konsa lòt ministè vin ajoute epi ankouraje yo pou sèvi lòt moun. Kidonk, plizyè Komite ak Reyinyon Jeneral Yo fòme ki reprezante ministè denominasyon an. Nan mitan komite sa yo nou jwenn komite misyon, ekstansyon legliz, asistans sosyal, piblikasyon, edikasyon, ministè ak lòt moun. Apre komite sa yo yo te konsolide nan reyinyon jeneral ak divès kalite depatman pou yon pi bon òganizasyon toujou. Apre sa a, yo etabli yon bidjè jeneral ki ta kolekte ofrann nan legliz lokal yo ak distri yo ki dwe divize nan depatman yo oswa ministè yo nan legliz la. Kounye a yo konnen li sou non Fon Evanjelizasyon Mondyal. Kèk ane pita, Denominasyon restriktire òganizasyon an epi yo divize yo an depatman tankou divizyon ministè lekòl dimanch, divizyon kwasans legliz la , divizyon kominikasyon ak divizyon misyon mondyal. Nan asanble jeneral ki te fèt nan ane 1976 la, yo te kreye yon komisyon mondyal nan lide pou kreye yon kominote entènasyonal epi ankouraje lidèchip nasyonal la. Se konsa, nan asanble jeneral ki te fèt nan ane 1980 yo te kreye sistèm rejyon mondyal epi distribye legliz yo pa zòn. Nan peyi Etazini an gen 8 rejyon epi nan rès mond lan genyon 6 rejyon jiska ane sa a 2001.

Asanble Jeneral la se ògnanis ki pi wo nan tout òganizasyon denominasyon an. Nenpòt aksyon, desizyon, modifikasyon elatriye de fwa (kwayans) jiska estrikti gouvènans yo li dwe soti de limenm epi yo dwe apwouve oswa rejte pa li menm. Asanble Jeneral la Li se so tèt Komisyon Konsèy Sirentandan Jeneral yo (ki fòme ak sis Evèk).

Nan òganizasyon Legliz Nazareyen an yo fè soti yon piblikasyon manyèl sou kwayans, Fòm gouvènans ak òganizasyon legliz la, règ Jeneral ak rityèl ki te devlope pou jouk jounen jodi a. Nan lide pou kenbe chanjman yo ki nan sosyete a, diferan kilti ak peyi kote legliz la ye, sikonstans ak ka espesifik, konfwontasyon oswa kouran panse, elatriye.

Chak chanjman nan manyèl la se ak anpil atansyon yo etidye ak evalye yo atravè pawòl ki ekri nan bib la, epi tradisyon teyolojik, Aminian (5) -Wesleyèn, ki konsidere kòm fondatè denominasyon an, ak sansiblite kiltirèl ak tan modèn lan. Chak chanjman, yo prezante li, diskite li, revize li, asepte li pa manm delege tout peyi yo nan chak Asanble Jeneral.

Jodi a, Legliz Nazareyen an ap kontinye pwoklame mesaj delivrans la ak sentete a ak tout nasyon yo epi pou fè yon diferans nan lavi anpil moun atravè ministè divès kalite li yo nan mond lan. Genyen an mwayèn 800 moun ki aksepte Jezikri kòm sovè pèsonèl yo chak semèn ak 13 nouvo legliz ki pran nan menm peryòd la. Dapre dènye estatistik la, Legliz Nazaryen an, nan fen syèk sa a, gen plis pase 1.3 milyon manm nan plis pase 130 peyi yo atravè lemond, Nan manm sa yo, 51% ladan yo soti an deyò Etazini ak Kanada. Nan domèn edikasyon, gen 57 enstitisyon nan 40 peyi ki gen 30,517 etidyan yo ki enskri nan pwogram rezidans ak pa ekstansyon atravè mond lan. Nan domèn misyon, li te envesti karant milyon dola nan aktivite misyonè ak evanjelizasyon legliz entènasyonal tankou piblikasyon, voye misyonè, tradiksyon dokiman nan 90 lang, konstriksyon edifis, elatriye. Epitou 451 gwoup k'ap patisipe nan travay ak temwanyaj.

Kidonk, legliz la voye plis pase 700 misyonè de karyè ak volontè ki gen nasyonalite diferan, espesyalis nan domèn diferan nan diferan pati nan mond lan pou pwoklame levanjil la, fè pwomosyon lavi sentete a epi fè disip ki sanble ak Kris la. Pandan yon nouvo syèk kòmanse ak padan n'ap kontinye konte sou fidelite Bondye, Legliz Nazareyen Entènasyonal la fè pwojè pou yo rive jwenn nan lanne k'ap vini an, yon milyon nouvo manm Nazareyen anplis ak 18,000 nouvo legliz pou ekstansyon wayòm Bondye a.

REFERANS

(1) Renesans: Se pwofon revèy espirityèl ke Bondye reyalize nan lavi yon moun.

(2) Pèfeksyon kretyèn: Doktrin delivrans konplè anba peche ak lavi annabondans ke Bondye bay. Yo rele li tou "Sanntifikasyon total".

(3) Metodism: Gwoup evanjelik fonde pa John Wesley. Non li soti fan fason metodik manm yo te devwe nan sèvis a moun ki nan nesesite yo elatriye.

(4) Pyetist: Mouvman espirityèl Renouvèlman disetyèm syèk la. Yo rekonèt li kòm relijyon kè a.

(5) Arminian: Kouran teyolojik Pwotestan anseye pa James Arminius (XVI ak XVII syèk). Wesley reprann epi elaji liy panse Arminian an

BIBLIYOGRAFI

Du Bois, Layriston J. Gid pou Konduit.Kansas City: Beacon Hill Sur, 1965.

Dunn, Samyèl L. Opòtinite san limit. Kansas City: Beacon Hill Sur, 1981.

Hamlin, Howard H. An nou gade Legliz nou an. Kansas City: Nazarèt nan Piblikasyon House, 1960.

Johnson Jerald D. Eksperyans entènasyonal la. Kansas City: Mezon Piblikasyon Nazareyen , 1982.

Taylor, Mendell, Manyèl nan dokiman istorik Legliz Nazareyen, tèz la. Kansas City, sf.

Metz, Donald S. kèk pwoblèm enpòtan nan Legliz Nazareyen. Wesleyan Eritaj Sur, 1994.

Purkiser, W.T. Apèl a sentete a. Vol II. Kansas City: Mezon Piblikasyon Nazareyen, 2 nd.

Pri, Ross E. Manifeste Nazareyen.Kansas City: Beacon Hill Sur, 1968.

Redford, M. E. Rezilta Legliz Nazareyen. Kansas City, Mezon Piblikasyon Nazareyen 1972.

Smith, Timote L. Istwa nazareyen yo –Ane fòmasyon yo. Vol I. Kansas City:

Mezon Piblikasyon Nazareyen, sf.

Young, Bill. Siksesyon nan yon ti vil. Kansas City: Mezon Piblikasyon Nazareyen, ND.

Manyèl nan Legliz la nan moun Nazarèt la. 1997. Kansas City: Mezon Piblikasyon Nazareyen Mesye Nazarèt la. Kansas City: Mezon Piblikasyon Nazareyen.

KI JAN YON KRETYEN KAPAB VIV ANBA POUVWA SENTESPRI A

Ulises Daniel Solís

Entwodiksyon:

Youn nan anpil benefis pou yon moun ki kretyen se privilèj beni li genyen lè li resevwa kado sa ki se libète de tout peche ak kè kontan pa mwayen Jezikri nan mitan nan yon mond kote ki gen anpil sa ki mal ak soufrans.

Lavi viv apa pou Bondye a se yon lavi lajwa ki se pwodwi eksperyans kretyen an lè li remèt tout lavi li vay Seyè a ak paske nou fin libere anba egoyis (yo rele tou vye kreyati). Sa a se yon eksperyans trè entim epi reyèl ki pa chanje menm lè nou nan mitan tanpèt ki pi gwo yo nan lavi chak jou. Kè kontan sa se pwodwi yon relasyon nouvo ke kretyen an jwi ansanm ak Kris paske li ranpli ak pouvwa Sentespri a (Efezyen 4: 17-24).

Natirèlman, ranpli avèk Sentespri Bondye se pi gran onè ak privilèj yon moun k'ap viv kapab jwi nan lavi li. Sepandan, li dwe sonje tou ke tout privilèj akonpaye ak angajman. Se sou kèk nan responsablite sa yo ak privilèj pou lavi chak jou, ke manm Legliz Nazareyen yo pataje chak jou atravè mond lan, ke nou pral diskite sou li anba a.

LAVI KRETYEN AN DIFERAN

Premyèman, chak kretyen ki fè pati fanmi Bondye a dwe konnen ke prezans Bondye a abite nan yo pa pouvwa Sentespri a (1 Korentyen 6: 19-20).

Lespri Bondye sa a ki abite nan kwayan an li "san tach". Sa a enplike ke yon vrè kretyen dwe evite tout pawòl, panse oswa aksyon peche, paske sa yo ak konronpi relasyon otantik yo ak Bondye (1 Korentyen 15:33; 2 Kor 6: 14-18). Chak vrè disip Jezi Kris dwe toujou swiv egzanp li. Volontèman li te obeyi ak Papa l' epi chèche fè li plezi nan tout bagay e se menm bagay sa Jezi bezwen pou tout disip li yo fè (Matye 16:24; Lik 22:42).

Dezyèmman, nouvo kwayan ki ranpli ak Sentespri a dwe mennen yon lavi ki apa pou Bondye, men li pa dwe fè sa kòm yon chay oswa obligasyon. Se yon privilèj pou viv nan sentete menm nan mitan yon kilti posmodèn ki entansyonèlman inyore prensip ak valè moral ke Bondye te ban nou nan Pawòl Li. Se sèlman pitit k'ap viv nan sentete ki ka sèvi yon Bondye ki Sen (1 Pyè 1:16).

KISA MORAL KRETYEN AN YE?

Moral la se yon branch nan lasyans filozofik ki genyen kòm enterè detèmine sa ki bon bagay ak kòrèk. Etik kretyen an se yon etik espesyalize k'ap chèche jwenn repons Bib la. Etik kretyen an ede nou konnen ki sa nou genyen kòm devwa devan Bondye, avèk pwòp tèt nou avèk lòt moun yo. Règ li yo gide nou pou byen nou ak benefis lòt moun.

Youn nan seksyon biblik ki rezime demand etik Bondye pou lèzòm se Dis kòmandman yo ke Bondye te bay Moyiz sou mòn Sinayi a, pou pèp Izrayèl la (Egzòd 20: 3-17). Dis kòmandman sa yo bay konsèy enpòtan pou kwayan kapab viv nan sentete avèk Bondye, epi avèk frè parèy yo.

Pou kwayan ranpli ak pouvwa Sentespri a, modèl li nan mond sa a se Jezi ki te anseye nou yon règ moral ki rezime tout lòt yo: "Se poutèt sa tout nou vle lòt moun fè pou nou, nou menm tou se konsa nou dwe fè li avèk yo, paske sa a se lalwa ak pwofèt yo "(Matye 7:12). Si tout kretyen nan mond lan te obeyi règleman etik sa a yo a sanpousan anpil nan pwoblèm ke legliz yo ak kominote nou yo ap fè fas t'ap fini.

Kisa kèk nan konpòtman etik ki idantifye kretyen Nazereyen yo ye?

1. Lavi li se lavi moun ki gen Lespri Bondye a abite nan li se poutèt sa yo gen karakteristik sa yo ki distenge nan fanmi Bondye a.

2. Toujou asiste sèvis nan Legliz Nazareyen ak patisipe nan ministè li yo volontèman, kòm yon rezilta rekonesans ak prezans Bondye nan kè li (Travay 1: 8).

3. Fason l'ap viv ap reflete sentete li. Gen yon gwo separasyon ak tout pratik peche paske pite enteryè li rejte yo (Jan 17:14).

4. Chèche familiarize li avèk lòt kretyen yo pou adore Bondye oswa fè nenpòt ki travay ki bon nan avantaj kominote a.

LAVI KRETYEN AN SE POU PATAJE NAN KOMINOTE LAFWA A

Nan Bib la nou jwenn règ espesifik pou afime lafwa nou nan Kris la ki pwodui konfyans ak lapè nan lavi nou chak jou, nou jwenn bèl rekòmandasyon ladan li tankou sa a yo:

"... Ann kenbe espwa nou genyen an byen fèm, paske nou mèt sèten, Bondye ak kenbe pwomès li. Se pou nou youn veye sou lòt pou youn ka ede lòt gen renmen nan kè nou, nou youn ka ankouraje lòt nan fè sa ki byen. Pa imite moun ki pa vle vin legliz, okontrè se pou youn ankouraje lòt fè sa, kounye a pi plis pase avan, paske nou wè jou Seyè a prèske rive sou nou "Ebre 10: 23-25.

Nan legliz lokal la nou gen opòtinite pou nou sipòte lòt moun epi jwenn frè parèy nou ki plena k lanmou k'ap ankouraje nou pou n avanse pou pi devan nan mitan presyon sosyal ak ekonomik yo. Nan sa a, nou jwenn swen pastoral ak opòtinite pou sèvi ak devlope nenpòt ministè kretyen. Anplis de sa nou kapab jwenn tou ansèyman Pawòl la kote Jezi ankouraje nou ak ban nou fòs pou nou pèsevere nan lafwa kretyèn nan. Men kèk egzanp nan pasaj sa yo:

- Nou pa bezwen pè, nou menm ti bann mouton yo, se yon plezi pou Papa a ban nou wayòm nan, Lik 12:32.
- Kè nou pa bezwen twouble; kwè nan Bondye, kwè tou nan mwen menm... Jan 14: 1-3.
- Lapè mwen kite avèk nou, lapè m 'mwen ban nou; Mwen pa bay li tankou mond lan bay li. Pa kite bagay sa yo toumante nou, ni nou pa bezwen pè, Jan 14:27.

Premye kretyen yo te konn rasanble nan premye jou nan semèn nan (Dimanch) pou yo lapriyè ak etidye ansèyman Kris yo (Travay 2:42). Yo eksperimante kè kontan delivrans yo anba peche epi lajwa yo te moutre se te yon temwayaj lajwa ki te soti nan fon kè yo ke Lespri Bondye a te ba yo. Se poutèt sa, si ou se yon kretyen k'ap jwi benediksyon ki se ranpli avèk Lespri Bondye a, avèk kè kontan se pou w pwoklame levanjil la ak sentete kretyen an tout tan. Paske yon kretyen ki tris rete esteril epi san fwi.

Non sèlman yon kretyen dwe reflete yon bon temwayaj pou lòt timoun parèy li yo, li dwe tou yon egzanp kondwit nan tout domèn nan lavi.

KRETYEN YO EVITE PRATIK AK KOUTIM KI KAPAB KONTAMINE MOUN

Tout kwayan ki ranpli ak Lespri Bondye a dwe gouvène pa twa prensip:

a) Responsablite kretyen nan tan amizman. Yon kretyen se tout tan ak tout kote. Manm Legliz Nazareyen yo atravè mond lan mete tèt yo ansanm pou aplike kritè biblik pou viv yon lavi ki balanse nan tan amizman yo. Pou yo li enpòtan pou evite aktivite ki kapab oswa dirèkteman oubyen endirèkteman ankouraje peche ak mechanste. Pa egzanp: jwèt lotri oswa paryaj nenpòt kalite, konsomasyon oswa vann alkòl ak dwòg, ale nan konsè ak koulwa dans kote ki ankouraje lavi peche, gade sinema oswa li liv oswa magazin oswa sit entènèt ki endesan, patisipe nan reyinyon ki bay ankourajman ak mennen yon lavi peche, nan mitan lòt ankò (1 Korentyen 6:12; 10: 23,31; 1 Tesalonisyen 5: 21-22; 1 Timoteo 6: 6-11).

b) Aplike règ moral ki pi wo nan lavi kretyèn nan lè n'ap chwazi amizman pou nou ak fanmi nou. Paske n'ap viv nan yon tan ki genyen gwo konfizyon moral, san nou pa rann kont sa ki mal ak peche yo ap antre lakay nou lè l sèvi avèk zouti tankou televizyon, literati, entènèt, elatriye. Mwayen kominikasyon sa a yo pa mal ditou, men si yo pa itilize avèk prekosyon y'ap detwi lavi moun yo avèk fanmi yo. Kretyen an dwe prefere amizman ki sen ki pa kontrè ak valè biblik yo epi viv yon lavi apa pou Bondye nan kò li, lespri ak nanm li (1 Pyè 1: 13-17).

c) Se devwa chak kwayan Nazareyen temwaye kont tout bagay ki ofanse Bondye oubyen pale mal kont li. Epi tou leve vwa yo kont mal sosyal yo tankou enjistis, vyolans. Li dwe rejte fason y'ap fè pwomosyon sansyèl ak sèks ilegal, itilizasyon langaj vilgè, transmisyon maji, ak renmen bagay materyèl, ak anpil lòt bagay ankò. Tout pratik sa yo afekte prensip moral Bondye ki nan kè ak lavi a (1 Tesalonisyen 4: 1-8).

MARYAJ AK FANMI SE PA YON PWODWI SAN VALÈ.

Maryaj se pa yon envansyon lòm ni lasyans, li soti nan Bondye paske li te etabli pa Bondye menm nan Jaden Edenn nan, kote li te kreye sèlman de sèks, gason ak fanm. Se poutèt sa nou kwè ke maryaj se yon bagay ki sakre epi dirab. Li jwi apwobasyon apostolik li nan Ebre 13: 4 lè li di konsa : "Maryaj se yon bagay tout moun dwe respekte anpil. Moun ki marye yo dwe rete fidèl youn ak lòt. Bondye gen pou l jije moun k'ap mennen movèz vi yo ansanm ak moun k'ap fè adiltè yo".

Antanke kretyen renouvle nan imaj Bondye pa mwayen gras li, chak kretyen Nazareyen dwe bay itilite maryaj la valè ak enpòtans li pou sosyete a ak legliz la. Se poutèt sa li dwe fèt apre gwo lapriyè pou mande Bondye direksyon. Lè koup la fin konfime ki inyon sa a se volonte Bondye, li dwe al kote pastè a pou mande li konsèy avan maryaj la pou yo kapab gen opòtinite pou reflechi sou angajman sakre sa a. Pwochen etap la se maryaj la kote lamarye a chèche benediksyon Bondye, pliske nou te aprann ke maryaj la se yon akonpayman ki sen, konsepsyon, ak renmen youn pou lòt jiskaske lanmò separe yo.

Li enpòtan pou rekonèt ke pa gen okenn maryaj ki pafè, li koumanse ak yon peryòd ajisteman pou rive jwenn estabilite matrimonyal e ke prezans Bondye nan kay la esansyèl pou ede yo pote laviktwa sou pwoblèm yo oswa sitiyasyon difisil yo. Pou moman kriz sa a yo li nesesè pou yo genyen bagay sa yo:

1. Lè gen pwoblèm ki grav, mari avèk madanm nan dwe chèche direksyon ak oryatasyon Bondye nan gwo lapriyè.

2. Chèche konsèy ak gid Pastè a oswa gid espirityèl yo ki dwe yon kretyen ki gen matirite epi ki gen sekrè.

3. Toujou kenbe nan tèt ou ke Bib la anseye ke maryaj se angajman youn avèk lòt ant yon fi ak yon gason k'ap dire pou tout lavi, epi ki reflete lanmou sakrifis Kris la pou legliz la (Efezyen 5: 25-33; Jenèz 2: 21-24).

4. Toujou sonje ke sèman maryaj li moralman obligatwa pandan tou de moun yo ap viv epi kraze li se dezobeyisans pou plan Bondye a pou tout tan nan zafè maryaj (Women 7: 1-3).

5. Akòz inyorans ak feblès lòm, gen kèk moun ki kraze angajman

fidelite marital yo. Nou kwè ke Kris la nan gras enfini li, li padone yo epi kapab retabli lavi yo, si zanka moun sa yo chèche ak tout senserite tounen vin jwenn Bondye, lafwa ak imilite ak padon ki soti nan Bondye avèk patnè li a (1 Jan 1: 7-9; 2: 1-2.) .

6. Divòs la se yon vyolasyon klè sou ansèyman Kris la, se poutèt sa nou ankouraje chak mari oswa madanm pran swen relasyon espirityèl yo ansanm ak Kris la pou evite tonbe nan yon sitiyasyon konsa. Sepandan moun ki divòse yo pa pèdi lanmou Bondye genyen pou l padone yo a (Matye 19: 3-10; Malaki 2: 13-16).

7. Se responsablite moun ki marye yo pou yo konsève amoni matrimonyal la, nan fè devosyon familyal yon fason pou pwoteje ralasyon yo a. Yon koup ki byen etabli epi ki gen tèt ansanm fòme yon legliz Nazareyen ki gen tèt ansanm ak bon repitasyon, pou kapab toujou leve Jezi pi wo (Sòm 34: 11-15).

KRETYEN KI RANPLI AK LESPRI BONDYE OPOZE AK LANMÒ EPI VYOLANS SOU NENPÒT KI FÒM

Nou menm moun legliz Nazareyen yo nou kwè ke lavi se yon bagay ki sakre depi moman fòmasyon an te koumanse fèt nan matris la epi se yon kado Bondye kreyatè nou an.

Se poutèt sa tout moun legliz Nazareyen dwe opoze ak pwovokasyon avòtman sou nenpòt fòm, lè yo itilize sa pou koze pèsonèl oswa kontwòl popilasyon (Sòm 139: 13-16).

Nou menm tou nou dwe opoze ak adopsyon lalwa ki pèmèt avòtman, lè nou konsidere ke se kèk ka kote doktè dyagnostike manman an oswa pitit ki poko fèt anba risk pou pa siviv nan akouchman (Egzòd 20:13).

Opozisyon responsab avòtman mande legliz ak kwayan an bagay sa yo:

1. Edike ak gide kongregasyon nou an pwograme aktivite espesyal pou fanmi nan legliz lokal yo ak fè atelye, de preferans avèk doktè kretyen, sou enpòtans gwosès planifye yo genyen epi se yon bagay ki sakre nan lavi kòm yon kado Bondye bay (Oze 4 : 6).

2. Devlope epi koumanse pwogram sosyal nan legliz nazareyen pou pran swen manman ak timoun ki nan nesesite (Galat 6: 9-10).

3. Bay jèn nou yo yon anviwònman ki chaje ak lanmou, fè aktivite ansanm epi bay konsèy sou kijan maryaj la se yon bagay ki sakre ak enpòtans li nan plan Bondye, pou evite tonbe nan kriz gwosès sanzatann (Egzòd 20:14; Ebre 13: 4).

4. Gwosès sanzatann yo kapab evite san pwoblèm si nou aplike prensip biblik ak prensip etik nan lavi kretyèn ki nan Nouvo Testaman an (1 Tesalonisyen 4: 1-8).

KRETYEN AN RANPLI AK ▮▮▮▮▮▮▮
SENTESPRI A AVÈK SEKSYALITE

Noumenm moun legliz nazareyen yo nou kwè ke seksyalite a se yon ekspresyon sentete ak bote ke Bondye Kreyatè a bay kreyasyon li a.

Se poutèt sa, chak kwayan dwe di Bondye mèsi pou sèks ke li te resevwa nan nesans li, ak konpreyansyon ke se sèlman de sèks kit e kreye: Gason ak Fanm.

Atravè sèks li te eksprime epi siyen kontra ant mari ak madanm, kenbe nan tèt nou ke seksyalite a kapab epi dwe sanntifye epi sen pa mwayen Bondye Papa a. Epitou li enpòtan pou nou konsidere aspè sa yo nan seksyalite:

1. Seksyalite lòm nan fèt konplètman nan maryaj kòm yon siy renmen konplè, detaye ak legalite total (1 Korentyen 7: 3-5).

2. Mari oswa madanm kretyen dwe konsidere seksyalite a kòm yon dedikasyon eksklizif ak angajman nan fidelite mityèl, nan menm fason an ke yo chak endividyèlman te pwomèt fidelite kòm privilèj nan Kris la (Matye 6: 25-34; Lik 12:15).

3. Kay kretyen an dwe se premye lekòl kote nou anseye pitit nou yo pèspektiv kretyen an sou seksyalite (Jenèz 1: 26-28).

4. Tout kwayan ki marye pran yon angajman avèk Kris pou evite trayi pwomès maryaj epi fè efò pou bay lavi matrimonial la anpil valè.

5. Seksyalite a pa satisfè objektif diven an, lè yo itilize li pou satisfè dezi egoyis yo, lè sa se kòm pwostitisyon, pònografi; oswa pou satisfè dezi seksyèl yo nan yon fason ki pèvès oswa anòmal (tankou sèks ak timoun, masisi, lèsbyanis, sèks ak bèt, elatriye).

6. Nenpòt pratik seksyèl andeyò maryaj se peche epi danjere

ki domaj sentete ak bote ke Bondye gen entansyon bay pou fè sèks.

7. Omoseksyalite a se yon abominasyon pou seksyalite a, epi remèd ki preskri nan pawòl li pou mete fen ak pratik sa a se chèche tounen vin jwenn Bondye pou jwenn gras avè k padon li (Women 1: 26-27; 1 Korentyen 6: 9. 11; 1 Timote 1: 8-11).

8. Finalman, li rekòmande pou pastè yo, anplwaye ki kalifye kòm doktè oswa lidè pwofesyonèl leliz nan legliz yo, devlope atelye ki gen yon baz edikatif pou fanmi sou edikasyon sèks, verite l' ak manti li yo nan limyè Pawòl Bondye a.

KONKLIZYON:

Jan nou te deja di sa lavi kretyen ki ranpli ak Lespri Bondye se yon privilèj, benediksyon ak pwomès, men tou, mennen nou pran yon angajman ki sakre pou nou viv nan sentete nan swiv egzanp Jezikri. Etik kretyen an anseye nou nan Ansyen ak Nouvo Testaman ke yon kwayan sanntifye se yon moun ki renmen Bondye ak tout lespri li ansanm frè parèy li (Mak 12: 30-31, Detewonòm 6: 5). (2)

Nou dwe sonje ke kalite lavi apa pou Bondye sa fè Bondye plezi epi bay anpil benefis ki bon pou lavi nou ak tout moun ki bò kote nou.

Bondye gen ase favè nan Kris la pou antrene, ranfòse ak afime chak pitit li ki pran angajman pou viv yon lavi apa pou Bondye ki pote lonè ak lwanj, glwa ak pou kreyatè nou an. Se pou li tout lwanj ye pou tout tan gen tan. Amèn.

REFERANS

1. Manyèl 2001-2005 Legliz Nazareyen. Pp. 44-47.

2. John Wesley, pèfeksyon kretyen an. Kansas City: KPN 1986, pp. 32.

BIBLIYOGRAFI:

1. Diksyonè Biblik Beacon, Richard S. Taylor.

2. Pèfeksyon kretyen an, John Wesley, 1986 KPN.

3. Manyèl Legliz Nazareyen 2001-2005 pp 44 - 51;

MAP PATAJE KRIS AVEK FANMI M AK ZANMI M YO

Juan Manuel Fernández

ENTRODIKSYON

Bondye sot fè yon chanjman nan lavi w. Eksperyans Sali a se yon bagay ki pi mèvèye ke yon moun ka konnen. Poutèt sa, Bondye di nou trè klè nan pawòl li ke li voye pitit li sou tè, nenpòt moun ki kwè nan li pap pèdi, men li va gen lavi ki pap janm fini an (Jan 3 V16). Bondye vle pou tout moun sove (2 pyè 3V9), Imajine ke ou se yon moun Bondye renmen e li kapab itilize pou pote limyè a bay anpil moun ki nan tenèb.

Bondye rele tout moun pou yon travay diferan. Gen ladan yo se pastè e direktè gen lòt se mizisyen, gen lòt ki se lidè nan lòt sèvis. Men Bondye rele tout moun pou preche levanjil (Matye 4v19) Anvan Jezi moute al jwenn papa li, li te kite yon misyon a tout moun ki t'ap swiv li yo : Ale e fè disip nan tout nasyon, Batize yo nan non papa , pitit la ak Lespri sen an (matye 28 V19) . Sa se misyon nou ak tout moun ki vle mache anba misyon legliz kris la : Pale lòt moun de jezi, Sa se travay ki pi enpòtan ke tout kretyen ka anplwaye tan yo ak konesans ke Bondye ba yo(Ki se kado Lespri sen an). Si bondye touche kè ou e ou pa santi w alèz pou kòmanse pataje lavi kris la avèk lòt moun yo, premye bagay ou gen pou fè se antre nan lapriyè, pou Senyè a ka konsakre w ak puisans Lespri sen an, e ou ka pale ak pastè w ke w vle konsakre w nan travay preche levanjil la nan legliz la. Liv sa a garanti w ke w deja kòmanse jwenn lòt moun pou kris la, ou menm tankou yon nouvo kwayan. Nou vle montre w fason ki pi senp yo, pou w ka bay zanmi w yo temwanyaj de sa kris la fè nan lavi w.

Poukisa nou dwe pale lòt moun de Jezi ?

Poukisa Bondye rele nou tout pou preche levanjil ? Bondye rele nou tout pou preche levanjil pou nou ka pale lòt moun deyò de jezi. Menm si nou konnen sa, nou genyen dout sou kèk bagay tankou :

1. Mwen paka preche, paske mwen fèk konvèti, e moun yo konnen mwen te konn fè anpil sa k pa bon.

Bib la rakonte nou istwa Pòl, nan liv travay apot yo, ou ka li kijan Pòl te konvèti. Pòl se te prensipal moun ki t'ap pesekite kretyen yo. Depi li fin konvèti, Pòl antre ak tout kè li, tout kò li ak tout nanm li nan travay bondye a, li te metel pre pou l sèvi a tout chèf legliz yo e li te komanse bay temwanyaj sou travay ke bondye te fè nan lavi li (travay 9 : 1-20), ou kapab pa wè paske w fèk konvèti a tankou yon avantaj, okontrè se yon gwo avantaj. Wap konstate yon gran chanjman nan lavi w.Se meyè moman pou montre fanmi w ak zanmi w ki chanjman ki fèt nan lavi w. José Luis1 yon nouvo konvèti kap viv tou prè Heredia nan peyi (Costa Rica) Konvèti nan lane 2000, apre 30 tan ke li t'ap mennen yon vi plen peche. Li konn fè anpil bagay ki pa bon ditou, touye moun. Tout moun bò lakay li te pè gade l paske yo konnen se yon gwo malfektè li te ye. Men yon jou Bondye te chanje lavi José Luis, li vin genyen yon vi nouvo. Lè l tap pale lòt moun de kris, anpil pat kwè e yo te pè, men apre yon tan yo vin rann yo kont ke gen yon vrè chanjman nan lavi José Luis. Epi li kòmanse ap viv yon vi tou nèf , anpil moun vin aksepte Jezi akòz temwanyaj misye sa a aprè kèk mwa li te fin konvèti. Bondye Kabab itilize lavi w kounye a pou mennen lòt moun vin nan wayòm kris la, pa pèdi posibilite sa a !

2. M ta renmen di lòt yo sa bondye fè nan lavi'm men m' pa santi'm bon pou'm pale epi m trè jèn. Nan la bib nou jwenn anpil egzanp de moun ki te gen difikilte la pawòl, ou byen ki pat kap fè gran diskou e ki te timid pou pataje pawòl Bondye a ak lòt moun. Moyiz youn nan gran pèsonaj nan ansyen kontra a, te genyen yon difikilte konsa pou tèt sa Bondye voye Araron pou ka ede moyiz pale ak Fararon. Menm si w ta gen menm anpechman sa a bondye kapab itilize w ? Mennen yon zanmi w ki levanjil ansanm avè w al vizite lòt zanmi w ak fanmi w ki pa kretyen. Wa sezi wè kisa Bondye kapab fè. Nan bib la nou jwenn egzanp sou Jeremi, yon profèt ki te pè temwaye paske l te trouve l trò jèn, Bondye touche bouch li e tout dout li yo ale, e li te vin youn nan pi gran pwofèt yo nan ansyen kontra. Bondye nou an tou pwisan e li se mèt tout bagay. Pawòl li di si nou priye ak la fwa, lap reponn priyè nou yo. Mande Bondye pou l fè w tounen benediksyon pou lòt yo, pote pawòl la ba yo e tout anpechman prale.

3. Mwen dispoze pale fanmi m de jezi, men yo tèlman lwen Bondye m' pa kwè y'ap ka Chanje. Se youn nan pi gwo manti ke santan itilize pou l anpeche pitit bondye pote mesaj diven an bay lòt yo, poutèt sa la chache mete dout nan lespri nou, pou nou pa ka pote pawòl verite a, ki se pawòl bondye a bay lòt yo. La bib di moun ke tout moun ki priye ak lafwa e ki kwè nan jezi kris ap sove e tout peche li yo ap padone. Menm jan Bondye te padone peche fanmi w ak zanmi w yo.

*Li chanje non e li chanje adrès

Ki pi bon fason pou pale lòt ▬▬▬ moun de jezi kris?

Kounye a ou se manm fanmi Bondye a, se kounye a ou ka kòmanse pale lòt yo de Jezi. Gen de(2) bagay enpòtan pou lè wap pale ak lòt yo de Jezi : se temwayaj ak fason pou kominike.

1. Temwanyaj

Youn nan mwayen ki pi efikas pou preche levanjil se lè yon disip tounen yon egzanp de sa kris ka fè nan lavi yon moun ki kwè. Konsa ou ka temwaye bay fanmi w ak zanmi w ak lòt moun ou konnen. Pawòl Bondye a di konsa yon bon temwayaj chita nan yon lavi kap fè parèt tout pouvwa Lespri sen an. Ou kapab jwenn zanmi w moun ki nan menm travay ak ou, menm si ou pa ta santi ou alèz pou pale de temwanyaj pa w, Men moun nan kapab kòmanse wè chanjman e poze w kesyon ! Kisa ki pase w la, a pa m wèw pa menm jan ankò ? Lè ou rive nan nivo sa moun nan ap swiv ou e l'ap wè chanjman sa a soti nan levanjil la e lap prè pou li tande mesaj levanjil la.

2. Kòminikasyon

Si Li enpòtan pou bay Kris la pa mwayen egzanp, pa bliye tou, pale ak lòt moun   enpòtan anpil. Bib la ban nou asirans nan (Ezayi 55: 11) Pawòl ki soti nan bouch mwen, pap tounen vin jwenn mwen san li pa fè sa m vle li fè a e san reyalize travay mwen te voye li fè a. Poutèt sa pawòl Bondye di nou klèman ke yon vèsè biblik gen plis fòs ke tout pawòl nou te ka di menm si nou ta moun ki pi konn pale. Kle a se bib la pou sa lè w'ap pale ak yon moun de kris la, toujou di bib la di, genyen 5 sink verite bib la bay ki enpòtan anpil ou dwe pote bay lòt moun lè w'ap pale ak yo de Jezi.

Premye verite. Bondye renmen wè li vle sove ou. Depi Lontan Bondye renmen nou (Jeremi 31 V3) Se poutèt sa li voye pitit li a vin mouri pou nou (Jan 3V16). Li gen yon plan pou tout moun ki aksepte l kòm sovè (Jan 10 :10)

Dezyèm verite. Peche separe nou ak kris la. Poukisa tout moun pa aksepte kris la kòm sovè ? se peche ki fè sa. La bib di nou tout peche(Rom 3 V23). Se pou sa nou separe ak Bondye. Akòz peche lòm separe ak Bondye, e li kondane pou lanmò etènèl (Romen 5V12). Bondye te kreye lòm bon pou te fè zanmi l, se menm lòm nan ki al fè peche ki mete separasyon ant li ak bondye (Jenèz 3) Bagay sa a bay anpil pwoblèm, anpil doulè kòm konsekans. Akòz peche mond lan vin eta li ye jodi a. Plen ak move zak, Vòlè , asasen ak tout lòt move bagay.

Twazyèm verite. Jezi kris mouri pou lave peche nou yo. Men Bondye nan gras enfini li voye pitit li jezi kris mouri pou peche lòm. Pawòl bondye di nou ; pou bondye montre amou li pou nou kòm pechè, Kris la mouri pou nou (Rom 5 :8) Jezi mouri nan plas nou, li pran plas pechè a ki ta prale dirèkteman nan lanmò pou tout tan, epi li ba nou posibilite pou noun gen lavi ki pap janm fini an.

Katriyèm verite. Jezi se sèl chemen lavi a. Gras a sakrifis kris la, Lòm sèlman bezwen fè yon priyè avèk konfyans pou li kapab jwenn padon peche li yo ak lavi ki pap janm fini an. Jezikri te rann sa posib, epi tou Li se sovè a, sèl chemen pou repare relasyon zanmitay nou ak Bondye . jezi di « Pèsòn pa ka vin jwenn papa si li pa pase pa mwen » (Jan 14V6).

Senkyèm verite: Nou ka jwenn Sali a sèlman pa mwayen lafwa. Priyè repantans lan dwe fèt ak lafwa. Si nou kwè ke kris la se sovè a li ap netwaye tout peche nou yo e nap resevwa lavi ki pap janm fini an pa lafwa. Lafwa se kwè nan Bondye.Lafwa se mete tout konfyans nou nan Jezikri. Nou pa jwenn Sali paske nou merite l ni paske nou fè sa ki bon (Efezyen 2v8-9).Bondye bay lavi ki pap janm fini an ak tout moun ki priye e envite jezi vin nan kè yo e swiv li, vin disip li. Si ou te pale ak yon zanmi w epi ou te eksplike l senk(5) verite sa yo, kounye a ou ka poze gwo kesyon sa a : Èske ou ta renmen resevwa kris la nan lavi w ? Si moun nan diw non oubyen li poko prepare, di li mèsi e kontinye priye pou li. Si moun nan reponn wi, yon sèl bagay pou fè fèl repete yon priyè tou kout, li enpòtan pou'l fè sonje senk gran verite nou te pale anvan yo. Priyè a dwe fèt tou dousman pou moun nan repete pawòl yo. Men yon egzanp priyè.

"Jezikri mwen tande ke ou renmen m e ou te mouri pou mwen sou la kwa, pou retire peche m yo, mwen se yon pechè mwen pa ka fè anyen ki ka efase peche m yo e efase fot mwen yo. Jezikri ou se sovè a, sèl chemen pou Mennen m al jwenn papa w. Mwen Mande w padon pou peche m yo e ban mwen yon vi nouvo pou m kapab vi n zanmi w. Mèsi pou travay ou pral fè nan lavi m jodi a menm. Amèn."

Bwavo! Si ou fè priyè sa a tou ak lòt moun bondye kapab itilize w pou pote Sali a bay lòt yo, nan menm moman sa a tout syèl la nan lajwa (lik 15 V7) ou ka asire moun nan, ke lap gen posibilite wè repons ke jezi bay nan bib la ak priyè li a nan Jan 6 V47 « se vre wi, mwen di nou sa nenpòt moun ki kwè nan mwen lap gen lavi ki pap janm fini an ».

Answit li enpòtan pou ou ankouraje l antre nan yon asanble kap anseye li pawòl la. Oubyen ou menm menm ou ka itilize leson sa yo pou ede l aprann pawòl Bondye a « yon vi nouvo nan kris la » ou ka jwenn li nan men pastè nan zòn ou an. Pi devan w'ap jwenn plis rekòmandasyon pou asire w ke nouvo bebe nan kris la ap grandi chak jou pi plis.

Kijan w ka jwenn pi bon moman pou pale ak lòt moun de kris la?

Gen plizyè bagay ki ka enfliyanse repons yon moun ka jwenn lè wap prezante l mesaj Sali a.

1. La priyè: la priyè se pati kle pou levanjil la. Si w vle pale yon moun de jezi, kit se fanmi w, zanmi w oubyen yon moun ou rankontre pou la premyè fwa, li enpòtan pou ou gen tan priye anvan e mande bondye ke se volonte'l ki fèt. Si w priye plizyè mwa anvan ou pale ak yon moun, ou mèt asire w ke wap jwenn pi bon rezilta ke si w fèl san preparasyon (Matye 6V6). Sa pa vle di si w pa priye plizyè mwa pou yon moun li pap konvèti. Toujou prè pou profite moman ki parèt devan w lan pou kapab preche levanjil. Pa Janm bliye priye pou moun Bondye mete sou rout ou pou anonse wayòm li a. Nan travay ou kote w'ap rankontre anpil moun chak jou, mande Bondye pou l gentan touche kè yo Nan jou ke ou pral anonse yo levanjil la. La priyè se pi gwo zam ou genyen pou mennen moun bay jezi.

2. Bon Zèv: Bon Zèv se tout sa pou moun ki kretyen yo fè pou montre lanmou Kris la nan yon fason tout moun ka wè san ankan enterè. Si ou ta priye pou yon moun bò lakay anvan w anonse li levanjil la kòmanse moutre li lanmou bondye tankou : envite l pou l vin manje avè ou, ede l nan jaden n ou ede l lave machin li e tout lòt bagay ankò ki ka itil li. Chache yon bagay pou ede l fè jan posibilite ou pèmèt ou san ou pap tann anyen nan men moun nan kòm rekonpans. Lè ou ede yon moun nan sa li ap fè anvan ou anonse l levanjil li pi fasil pou l tande ou lè ou pral pale li de Jezi.

3. Moman pou yon moun tande ou: Tout moun gen yon etap pou l pase nan lavi l pou li pote plis atansyon pou li tande levanjil la. Si wap priye epi wap fe bon zèv , aprann konnen moman moun nan ka dispoze tande w, ou ka jwenn plis chans pou mennen moun sa a bay Kris kòm seyè ak Sovè li. Pi gran moman ou kapab pale yon moun de jezi ou ka chwazi moman sa yo tankou echanj pèsonèl oubyen familyal (maryaj, Lè yon ti moun fenk fèt, moun fèk jwenn yon travay, li fèk al nan yon kay e tout lòt bagay ki ka atire atansyon. Gen lòt tan tou se lè li gen pwoblèm (lanmò, maladi, aksidan, lè moun divòse oubyen lè gen pwoblèm nan fanmi ak lè pwoblèm ekonomik vini e tout lòt bagay yo). Lè gen pwoblèm nan peyi a (pa gen travay , siklòn, tranbleman tè, lagè moun ap touye moun, goumen ant gwoup youn ak lòt ak anpil lòt bagay ki ka pase.

4: Idantifikasyon w ak moun kap tande a. Pi bon rezilta ou ka jwenn lè ou ap preche levanjil kris la se lè ou jwenn kèk moun ke ou genyen anpil bagay an komen avèk yo. Se sak fè, pou zanmi ak fanmi e ak tout moun ou pataje tan ou avèk yo Chak jou, Ou se pi bon moun ki kab preche yo levanjil nan mond lan. Ou konnen sa yo bezwen sa wap tann, sa ki ba yo kè sote ou ka konsole yo ak mesaj pawòl kris la.

Kòman ou ka pale de kris ak yon moun ki pa vle tande anyen sou pawòl bondye?

Li difisil pou pataje pawòl Bondye a ak yon moun ki gen kè li di. Nan mond nap viv jounen jodi a, kote ke yap pale de Kris atravè anpil mwayen kominikasyon, gen anpil moun ki fèmen kè yo yon fason pou li enposib pou rive jwenn yo. Pi bon bagay ou ka fè pou moun sa yo se priye e mande Bondye pou li touche kè yo e pou l ka ede ou jwenn pi bon moman pou pale ak yo de kris. Fason ou anonse levanjil pa dwe menm jan pou tout moun. Gen moun ou kapab toujou ap pale yo de Jezi, gen lòt menm toutan wap pale avè l de Jezi, li vinn pi move. Mande Bondye nan lapriyè pou li ba ou sajès men m jan ak Salomon pou'l ka ede ou chwazi meyè moman pou kapab pale ak lòt yo de kris la. (Jak 1 V5). Ansyen nan legliz yo kapab ede ou, ba ou konsèy sou ki pi bon fòm ou ka chwazi pou pale ak lòt moun.

Ki lòt mwayen ou kapab itilize pou pale lòt yo de jezi?

Yon kontinan tankou kontinan ameriken an, kote levanjil la grandi anpil, bondye ban nou anpil mwayen pou chache nanm, pou nou menmen nan wayòm kris la. Youn nan mwayen ki pi konplè se fim sou « jezi » yo Fim sou jezi ap pase depi nan lane 1979 plis pase 4 milya e demi moun deja wè fim sa yo sou jezi, e plis pase san milyon moun deja aksepte Jezi pa mwayen fim sa yo. Genyen trantwa (33) milyon video kasèt sou fim Jezi a, nan preske 800 lang. Sa ou dwe fè se priye pou moun nan pandan yon tan e aprè envite li ale wè fim nan. (si ou voye yon lèt bay direksyon DVD) òganizasyon « campus crusades for christ, lap voye yon kopi gratis sou fim nan pou ou, ou ka jwenn videyo kasèt sa a nan men pastè nan zòn ou an. Fim nan gen yon envitasyon ki mande pou moun yo aksepte Jezi.

Lòt mwayen pou preche levanjil se yon kib levanjil. Yon bagay ki gen plizyè fas, sa a map di ou la gen sèt fas ak yon seri imaj kap bay mesaj Sali a. Fason sa a bay bon rezilta. Nan mwa out 2002, nan vil Guatemala, preske 350 moun resevwa Jezi nan lavi yo nan yon semèn. Kib la se pa maji, se sèlma yon animasyon pou preche levanjil la byen. Anpil moun ki pat janm pale de levanjil nan vi yo kapab itilize fason sa a pou preche. Sa yo se kèk egzanp nou bay pou yon moun kapab itilize pou kontre ak lòt moun. Sa ki pi enpòtan se fè tèt ou travay pou pase mesaj levanjil bay lòt moun.

Kib ki gen imaj sa a ou ka jwenn li nan kote yo vann liv libreri Nazareyen nan zòn ou an oubyen jwenn koòdonatè ki responsab rejyon kote ou ye a. Pastè ou a ka ba ou plis enfomasyon e pèmèt ou jwenn leson sa yo, nan moun ki responsab evanjelizasyon nan zòn bò lakay ou a oubyen nan distri a oubyen nan libreri nazareyen an ki pi prè ou.

Zanmi mwen an fin aksepte Kris ▉▉▉▉ e kounye a ?

Zanmi w oubyen fanmi w fin asepte Kris, li fèk fin fè pi gwo eksperyans nan la vi li menm jan ou te fèl yon jou a. Kounye a li fè pati manm fanmi bondye. Kounye a li se yon nouvo disip jezi. Se ou menm ki pi byen plase pou ba li bon disiplin sou pawòl Bondye a.

Pi bon fason pou ou ede l grandi nan nouvo vi sa a se ba li premye leson (klas disip Nivo B). Nouvèl vi nan Kris, nan 48 è de tan aprè ou fin fè priyè la fwa, wap reyini avèk moun nan pandan inè de tan chak semèn nan jou apre yo. Si se lakay moun nan li pi bon paske fanmi li ap koute mesaj la tou, yo kapab enterese nan yon etid sou la bib. Se pi bon fason pou kòmanse misyon nan kay nouvo kwayan sa yo. Avèk plan leson pou disip nivo B a, nouvo kwayan yo kapab prepare yo pou yal batize nan kèk semenn pou yo kapab resevwa sentespri Bondye a e vin manm legliz.

Pi bon bagay ou ka fè pou yon zanmi w ak moun ou renmen anpil se mennen yo lakay bondye a. sa fè pati de responsabilite w pou envite li vin legliz prezante li bay pastè a, ak lòt frè e sè yo. Si ou gen moun ki se disip ou, ou se pastè ki pi prè yo. Ou gen responsabilite beni pou pran swen li ede l nan pawòl la jiskaske li vin fèm nan Kris la.

BONDYE SE MÈT TOUT BAGAY

Mónica Mastronardi de Fernández, Rubén E. Fernández

KI MOUN KI MÈT LA?

Yon lè yon vye granmoun gason te rele pitit pitit li pou mande li ki moun li te prete gita li a sa depi yon ane li pa janm remèt li a. Jenn gason an te fache paske granpapa l 'te vle pou moun nan remèt li gita a, akoz de pwoblèm maladi granmoun nan genyen li pa t'ap menm kapab jwe avèk gita, li di li byen fache: "Ou pa bezwen li" Gen kèk moun ki kwè ke yo gen yon bagay epi sèvi ak li pou yon ti tan fè yo mèt li. Si ou se yon moun konsa ou bezwen konprann diferans ki genyen ant posede bagay la avèk mèt.

Pou kèk moun mèt yon bagay vle di li te gen dwa a sou li. Se pou sa, granmoun nan istwa nou an te mande pitit pitit li a pou yo te remèt li yon bagay ke li te konsidere kòm zafè pa li. Nan mond nou an "pwopriyetè" legal la ka itilize, abize ak vann sa ki pou li. Men, pou moun sa yo ki fè pati Legliz Kris la lide pwopriyete a diferan. Travay 4:32 di ke premye kretyen yo … "pèsonn pa t' di yo posede se te pou yo".

Ebyen, nou se oswa nou pa mèt bagay nou posede yo epi nou kwè ke se pou nou? Si nou pa mèt pwopriyete yo, Ki moun li ye? Gen twa repons posib ke nou ka konsidere.

Lide moun kòm mèt genyen anpil moun kap defann espesyalman nan dènye syèk la. Lide sa a revize ak jistifye dwa moun pou viv nan egoyis san yo pa santi yo koupab. Lejislasyon nan anpil peyi baze sou fason panse sa a pou yo jistifye atitid materyalis nan moun oswa fanmi ki gen ase tan yo ede lòt moun epi yo pa vle. Men, Jezi pa t 'pataje opinyon sa. Li te rakonte istwa yon nonm rich ki te refize bay yon mandyan ki te rele Laza èd epi kondane atitid li (Lik 16: 19-31).

Yon lòt lide, kontrè ak sa ki avan an, yo konsidere nan kominote oswa yon gwoup moun kòm mèt. Gen kèk ki jwenn baz biblik Travay 2 : 44-45 kote ki di ke premye kretyen yo "te gen tout bagay an komen; epi yo te vann pwopriyete ak tout byen yo, yo te separe bay chak moun dapre nesesite yo chak". Epitou nan Travay 4:32 li di ke " yo te gen tout bagay an komen". Men, pa gen plis referans nan Nouvo Testaman ki di ke sa a te yon pratik toupatou tout legliz yo, men se te nan kèk gwoup disip ki te eksite epi ki t'ap rete tann Jezi retounen byento.

Si kominote a se pa mèt la vre, ki moun ki mèt la reyèlman? Nan 1 Korentyen 6: 7 di ... "Paske nou pa pote anyen nan mond sa a, epi san dout pa gen anyen n'ap pran ladan l". Nan Bib la, moun ki gen dwa kòm mèt se moun ki gen yon bagay san li pa te resevwa li nan men yon lòt moun. Dapre paramèt sa yo ni moun yo, ni kominote a kalifye kòm mèt, paske se resevwa yo te resevwa tout sa yo genyen. Bib la di ke Bondye se sèl mèt nan linivè a, poukisa apot Pòl mande: "... kisa w genyen ke ou pa t 'resevwa li? Men, si ou te resevwa l', poukisa w'ap fè grandizè tankou si ou pa t 'resevwa li? (1 Korentyen 4: 7).

Ki dwa legal Bondye genyen pou li di li se mèt bagay?

BONDYE SE KREYATE TOUT ▬▬▬ SA KI EGZISTE

"Nan koumansman, Bondye kreye syèl la ak latè a". Se avèk deklarasyon sa a istwa a tèks biblik la koumanse nan Jenèz 1: 1; domaje nenpòt ki lòt teyori sou fason tout bagay te vin egziste.

Nan istwa sa a nan Jenèz 1 li dekri ki jan Bondye te fòme linivè a avèk pwòp volonte souveren li. Travay sa a te fèt etap pa etap epi nan yon fason ki byen òdone. Li te koumanse fè kreyasyon li a yon kote ki pa t' gen anyen pa mwayen kat eleman debaz yo: tè a, dlo, lè, dife ak materyèl sa a li te bay tout òganis vivan yo fòm.

Verite biblik sa te revele epi aksepte san pwoblèm jouskaske Darwin, Huxley, Spencer ak plizyè lòt ankò. Yo te eseye pwouve ke Bondye pa te gen anyen pou wè ak aparisyon planèt la nan tout fòm nan lavi, men se pito yon evolisyon ki te fèt ki fè bagay sa yo te egziste epi ki egziste jous jounen jodi a.

Sepandan, syantis serye epi ki rekonèt atravè lemond kòm Sir Cecil Wakeley, Mesye Ambrose Fleming ak Louis Agassiz, yo deklare ke reyèlman teyori evolisyon an se yon "nouvo relijyon", deja teyori yo a pa kapab pwouve syantifikman se poutèt sa yo ka sèlman kwè pa mwayen lafwa.

Fo relijyon sa a kite Bondye deyò linivè a epi bay fo yo plas, anti-kretyen ki te parèt nan san dènye ane yo. Hitler, pa egzanp ki te trase lide l' kòm ras siperyè dapre teyori evolisyon Nietzsche, jistifye masak plizyè milyon moun. Mussolini, site Darwin nan diskou l 'yo, li te di ke lide lapè a pa t' rezonab pou kontinye pou moun ki konpetan yo oswa pou amelyorasyon ras limanite a, konsa li te jistifye lagè. Kominis Karl Marx baze teyori l' sou prensip Darwin yo, konsa jistifye doktrin ate a (1) ak pèsekisyon ak asasina pou kretyen yo.

Malgre tout efò syantis sa yo pou efase koze Bondye kòm Kreyatè a nan lespri lòm, se manm syans jodi a, olye yo rekonèt teyori evolisyon yo, chak jou li vini ak nouvo prèv sou verite Bib la bay sou dosye kreyasyon an. Jounen jodi a gras avèk avansman lasyans nan teknoloji, li rive verifye epi pwouve anpil nan afimasyon istwa ki nan Jenèz 1 ak 2.

Ann gade kèk egzanp. Jenèz 1 :1 di ke tout linivè a te fèt nan gran moman oswa nan yon premye segond lavi. Sa rive apwouve pa mwayen obsèvasyon konpòtman galaksi yo ki kontinye ap pwopaje avèk anpil vitès chak fwa pi plis. Chèchè sa yo Jun ak Gustav Tamman dezapwouve teyori Bing Bang nan ki te afime ke linivè a te rive fèt pa mwayen yon eksplozyon enèjetik ki aji sou matyè planèt yo, limenm ki te egziste deja men ki te konsantre, epi ekspansyon sa a pap kontinye pou toujou, men pito l'ap elwanye akoz de fòs pezantè a epi konsa linivè a pral kontinye repwodwi poukont li pandan tout tan gentan (2). Kèk egzanp de lòt bagay nan kreyasyon Bondye a ki parèt aklè jounen jodi a pa mwayen lasyans yo se :

-Dlo a parèt nan planèt nou an sou fòm likid anvan ke limenm li te fin fòme jan sa konfime nan Jenèz 1 :6 (3)

-Lavi vejetal la te egziste depi avan pa animal yo (Jenèz 1 :11 ak 20).

-Lalin nan te fèt apre tè a(Jenèz 1 :14-15). (4)

-Premye èt vivan yo te fèt nan dlo (Jenèz 1 :20), zwazo yo te egziste avan mamifè yo (Jenèz 1:20 ak 25), epi lòm se te dènye èt ki te parèt sou fas tè a (Jenèz 1 :26).

- lèzòm se sèl kreyati vivan pa mwayen karakteristik li yo ki byen defini ki ba li priyorite sou tout lòt fòm de vi (Jenèz 1:26-27).

-Memwa lòm te trase avèk kapasite pou l relasyone li avèk Bondye. Lòm se yon kreyati espirityèl ki gen nesesite pou l pale avèk Kreyatè li ak Gouvènè linivè a (Jenèz 1 : 27).

Menm si nan tan lontan lasyans pat kapab fè verifikasyon sou istwa kreyasyon an kòm jodi a, kretyen yo te aksepte afimasyon sa kòm verite tout tan yo pa mwayen lafwa. Se sa otè Ebre a afime lè li di konsa : "Se paske nou gen konfyans nan Bondye ki fè nou kwè ke se Pawòl Bondye ki kreye tout bagay. Li te sèvi ak sa nou pa kapab wè pou li te fè sa nou kapab wè" (Heb 11 :3 R.V.).

Nan tan lontan li te difisil pou moun te kwè ke bagay materyèl yo ta kapab soti nan bagay espirityèl. Men jounen jodi a pa gen dout ke moun kapab pwodwi matyè avèk enèji. Se jisteman sa istwa biblik la fè konnen. Bondye se sous tout bagay ki egziste, sèl sous lavi ki kapab bay nesans ak lòt vi.

Sa vle di nou kapab afime ke tout bagay materyèl soti nan yon sous espirityèl, paske tout bagay soti nan Bondye epi Bondye se Lespri (Jan 4 :24).

SE BONDYE K'AP PRAN SWEN KREYASYON LI A

Pawòl la deklare: "...epi se nan limenm tout bagay yo soti" (Kolosyen 1:17), paske egzistans depann de Bondye ak pa tout kreyasyon an. Menm jan yon machin pa kapab fonksyone san gazolin, linivè a ta sispann fonksyone san pouvwa Bondye k'ap kenbe li.

Bondye pa ale kite kreyasyon li a poukont li, okontrè youn ak yon lòt fwa Seyè a declare nan Pawòl li ke li gen kontwòl epi lavi pa t'ap kontinye san lanmou pwoteksyon li ki chaje ak lanmou. Pa egzanp nan Jeremi 51: 15-16 pwofèt la declare: " Se limenm ki kreye tè a avèk pouvwa li, limenm ki plante mond lan sou bon konprann li, epi etann syèl yo avèk entèlijans li.

Li pase lòd, epi dlo ki anwo tè a pran gwonde. Li fè gwo nyaj yo moute soti toupatou; li fè zèklè yo klere pou fè lapli vini, li fè van yo soti kote li te sere yo a". (R.V).

Pi devan nan Ebre 1:2-3 li afime ke li se Pitit Bondye, Jezikri k'ap gouvène tout linivè a avèk pouvwa pawòl li a:

Kounye a, nan dènye tan yo, li pale ak nou pa mwayen Pitit li a, pa mwayen limenm nasyon yo te kreye epi pa limenm ki fè yo eritye tout bagay yo. Li se reprezantan Bondye, se imaj Bondye epi ki gouvène tout bagay avèk pouvwa pawòl la (VP).

Nan menm chapit sa tou, otè lèt Ebre yo, mete aksan sou desten final mond nou an ak linivè a nan men Jezikris men se pa nan men lèzòm (Ebre 1 :10-12).

OBJEKTIF BONDYE A POU KREYASYON LI.

Bondye te kreye linivè a ak tout bagay ki ladan l'ak objektif pou grandi epi devlope, "Fè pitit, e anpil anpil pitit; mete sou tè a ak domine li"(Jenèz. 1:28). Objektif Bondye pou chak moun k'ap viv se pou yo devlope kapasite yo plennman.

Nan evalye konpòtman lanati ou kapab remake ke li obeyi Kreyatè l 'grandi ak elaji, bay temwayaj konstan pou lèzòm wè bon konprann Seyè a (Pwovèb 3: 19-20). Bondye se sous bon konprann pou lavi nou epi vle pou nou viv tou pre li pou nou pa pèdi nan wout la (Pwovèb 8).

Moun, tankou tout bèt yo destine pou yo grandi nan tout dimansyon: fizik, mantal, emosyonèl, sosyal ak espirityèl.

OBJEKTIF BONDYE POU GASON AK YON FANM

Toupatou nan listwa lèzòm kontinye ap mande ki objektif oswa rezon egzistans yo. Ki kote nou soti? Kote nou prale? Èske lavi gason avèk fanm se yon bagay ki destine pou pèdi nan lanfè? Èske kò a se yon bagay ki destine pou fonn ak pousyè tè a? Èske li vo lapenn pou viv? Ki sans lavi genyen, travay, etid, renmen?

Tout kesyon sa a yo legal men yo anile lè yo eseye reponn yo pandan yo inyore Otè lavi a. Linivè a pa te kreye pa chans men paske Bondye te gen yon plan ak objektif ki san tach poou li. Lè lòm ap eseye viv lavi l'inyore objektif Bondye gen pou li, se fèmen li fèmen wout la, l'ap viv nan peche.

Se akoz de lòm Bondye te vini avèk egzistans kreyasyon

an (Women 8: 18-23). Noumenm lòm nou pa pwodwi yon mitasyon selil ki te fèt pa aksidan, nou se rezilta yon plan diven ki te trase pafètman.

Èt imen yo nou diferan de lòt èt kreye yo. Nou pa "animal ki transfòme" jan disip Darwin yo te konfime l la. Malgre li te gen anpil bagay an komen ak lòt èt vivan, gason ak fanm se Bondye menm ki te fè nou pou yon rezon espesyal epi nou fèt avèk karakteristik ki fè nou diferan pami tout lòt èt yo (1 Korentyen 15:39). Karakteristik patikilye epi inik sa a yo se paske nou fèt dapre imaj Bondye:

Bondye di: -Ann fè lòm ak imaj nou, pou li sanble nou; Mwen ban nou pouvwa sou pwason ki nan lanmè a, sou zwazo ki nan syèl la, sou tout bèt yo, sou tout latè, ak sou tout bèt k'ap trennen sou tè a.

Bondye kreye moun ak imaj li, ak imaj Bondye li te kreye gason ak fi yo (Jenèz 1: 26-27).

Imaj Bondye sa a fè gason ak fanm siperyè tout lòt kreyati yo, se sa ki pèmèt yo jwi prezans Bondye epi ba yo libète pou yo deside pwòp desten yo.

Lèzòm kapab eksperimante lajwa ak kontantman: Bondye te kreye gason ak fi pou yo te viv ak kè kontan. Kreyatè a mete yo nan yon jaden yon paradi kote tout èt vivan yo t'ap viv nan tèt ansanm. Adan avèk Èv te gen yon relasyon pafèt ak Bondye, ak rès kreyasyon an epi youn ak lòt.

Men, pou kontantman sa a ke gason ak fanm te kreye a li pa t' gen anyen pou wè avèk konsèp modèn nan chèche plezi nan sans satisfaksyon. Lòm te kreye pou viv avèk kè kontan epi lè li konnen ke ak pwòp tèt li l'ap patisipe nan reyalizasyon yon gwo pwojè enpòtan ki gen benefis pou lòt moun epi se pa pou tèt li ase.

Lòm pa te kreye pou fè egoyis, ni pou plezi chanèl yo sèlman, ni pou viv lwen prezans Bondye. Bondye te prepare Adan Ak Èv pou yo te patisipe aktivman nan sipò lavi. Se pou rezon sa wòl yo Adan ak Èv dekri kòm "pran swen ak kiltive" (Jenèz 2:15).

Lòm gen yon entèlijans siperyè, li kapab aprann, pou kreye ak rezone. Menm si nan tout èt ki t'ap viv se te lòm tousèl ki pa t' gen parèy nan nesans li, se li sèlman ki te gen yon entèlijans ki plis devlope. Sa a pèmèt, pami lòt bagay yo li kapab pran desizyon konsènan pwòp devlopman yo avèk desten yo, kontrèman ak bèt yo.

Lòm te fèt avèk konsyans, yon konsyans trip ki fè distenksyon I de bèt yo, ki pèmèt yo relasyone yo nan twa dimansyon:

a) Avèk mond ki nan antouraj la, ke li konnen, eksperimante epi konprann pa mwayen sans yo (gou, je, pran sant, tande, touche). Lòm sansib e li gen kapasite pou yo reponn ak eksitasyon anbyans ke li santi nan kò fizik li.

b) Li gen rapò ak pwòp enteryè li, ki rele nanm, ego oswa pwòp tèt li, sa ki fè li se yon pèsonalite inik ak volonte epi ak libète pou chwazi.

c) Li gen kapasite pou l' konnen Bondye epi familyarize li avèk li pa mwayen lespri li. Lespri sa a tou bay yon konsyans pi wo, pou fè diferans ant sa ki byen ak sa ki mal. Bondye prepare li avèk pèsonalite moral ki se libète oswa pwòp volonte li pou chwazi ant byen ak mal. Nan yon fason pou nou gen menm kondisyon egal avèk Bondye, paske depi nan koumansman li te vle fòme yon pèp (legliz) pou sèvi ak adore l volontèman. Bondye pa vle esklav ni wobo nan sèvis li, men se pito pitit ki renmen l' ak tout kè yo plis pase tout bagay.

d) Lòm te kreye pou li "viv apa pou Bondye". Pandan ke tèm sa a pa parèt nan istwa Jenèz 1 a 3 li te klè ke objektif Bondye pou yo se te viv lwen tout kalite bagay ki mal. Mal la se tout sa ki opoze a volonte Bondye. Si lòm te rete nan volonte Bondye ak rès kreyati yo ki te depann de li yo bonè yo t'ap garanti. Bondye te kreye yo kòm moun apa nan lespri li, nanm ak kò, kòm yo pa t 'ankò kontamine avèk peche a.

Bondye te abiye lòm avèk kalite sa yo pou yo te kapab devlope ministè yo te kreye pou reyalize: kòm "Jeran". Yon jeran se yon moun ki jere byen mèt kay la. Bondye konte sou tout pitit li yo pou sèvi l'sou latè, tankou jeran responsab (Jenèz 1: 26-28).

DWA MÈT LA PÈDI

Sa fè lontan depi dwa kreyatè a kòm chèf nan kreyasyon koumanse defye. Nan Bib gen yon istwa ki pale de Lisifè, youn nan zanj Bondye yo ki te pi bèl, te vle pran plas Bondye kòm mèt epi vin devni lènmi li (Jan 12:31; 14:30; 16:11). Depi lè sa a Satan te soti pou tante ak pran tèt lòm pou soumèt yo anba otorite li yo ak rejte volonte Bondye pou lavi yo.

Tout desten kreyasyon an se te rete tout tan nan plan

Bondye. Lè Adan ak Èv te depase limit Bondye te di ba yo a (Jenèz 2:16 ak 3: 1-24) pou tèt sa yo pote pou tout kreyasyon ak tout pitit pitit yo doulè ak soufrans. Nan Bib la dezobeyisans yon lalwa ke moun nan dte déjà konnen rele "peche". Lè peche fin antre nan mond lan sa vin kreye yon baryè separasyon ant lòm avèk Bondye.

Zak dezobeyisans Adan avèk Èv la se yon desizyon ki afekte yo ak tout pitit pitit yo jouk jounen jodi a. Yo te vire do yo bay Bondye, dezobeyi volonte l' epi ba l 'yon "gou" peche, olye yo rejte li.

Bondye pa mete pye bwa nan mitan jaden pou tante yo, men se pito pou yo te sonje ke mal egziste, posibilite pou fè peche a te toujou la, posiblitepou vire do bay Bondye a te toujou la.

Si yo te reziste anba tantasyon Satan te prezante devan yo a, volante yo t'ap vin pi fò toujou. Men, pliske yo te chwazi chemen dezobeyisans, peche te fè antre li nan yo. Kòm konsekans balans pafè ak amoni ki te karakterize fason yo t'ap viv la te domaje. Gason an avèk fanm nan te pèdi sentete a ak relasyon pafèt ki te egziste ant yo menm avèk Bondye, ak kreyasyon an ak lòt frè parèy yo.

Plan Bondye a pa t 'inyorans ki sa ki mal moun, men li presanti soti nan sentete li. Men, aksè nan rezèv la nan sèpan an (Satan), Adan ak Èv chwazi konnen sa ki mal ak fè eksperyans gwo twou san fon abis yo.

Bondye pa t' gen pwoblèm pou lòm te konnen sa ki mal, men se pito pou l te obsève li avèk sentete li. Men lè yo te vin dakò resevwa sa sèpan (Satan) te ofri yo a, Adan avèk Èv te chwazi konnen peche a epi eksperimante konsekans grav li yo. Plan Bondye a te vin dewoute epi kounye lòm te vin konnen peche ak mal epi yo sèlman kapab konprann sa yo te viv nan byen an, nan kontantman pafè nan lavi san peche a epi nan amoni avèk objektif Bondye yo.

Pou moun sa yo jouskaprezan ki poko repanti de peche yo, li difisil pou yo konprann objektif Bondye genyen pou kreyasyon li, men li pi difisil pou yo aksepte li epi patisipe ladan l' volontèman.

Peche a gen yon pouvwa pou detwi. Se tankou yon wouy ki wonje menm metal ki pi di a. Lòm pa kapab libere tèt li anba peche ak konsekans li yo, ki gen pou objektif destriksyon tout kreyasyon Bondye a. Se poutèt sa Bondye te voye remèd pou nou nan Pitit li : Jezikri.

BONDYE RETABLI KREYASYON LI PA MWAYEN JEZIKRI

Nan kèk nan peyi nou yo nan dènye ane yo kriminèl kidnaping yo pran abitid kidnape moun epi mande yon gwo kantite lajan. Moun sa yo pa vòlè byen materyèl men yo volè moun epi kenbe li nan prizon lakay yo jiskaske fanmi moun sa bay lajan yo te mande a pou yo libere li. Moun yo pran yo soufri anpil paske yo pa konnen si y'ap retounen lakay pou wè fanmi yo yon lòt fwa nan lavi yo. Istwa tris sa yo ki toumante lespri nou souvan ede nou konprann sa Bondye Papa kreyatè a santi pou tout moun ki te ale lwen li epi rete kòm prizonye peche.

Moun yo te kidnape pa ka peye ranson an pou tèt li. Li bezwen yon fanmi ki pou "rachte li" yon moun ki renmen li ase pou peye kidnapè yo pri a pou lavi li. Se sa Bondye te fè lè li te voye yon sèl Pitit li a… "Limenm ki te bay tèt li pou nou pou rachte nou anba tout peche epi pirifye nou poun ka fè pati pèp li a, toujou pare pou fè sa ki byen" (Tit 2:14).

Sa vle di ke Bondye achte nou epi pri a se lavi Pitit li a (1 Korentyen 6:20). Travay ke Bondye Papa a te bay Pitit li a vin fè a se te mete fen ak madichon peche te pote sou limanite tout antye ak rès kreyasyon an. Koulne a, nou pou li paske nou se kreyasyon li, men se doub paske li te achte nou.

BONDYE RETABLI KREYASYON LI PA MWAYEN SENTESPRI A

Anplis de ke li se Kreyatè nou epi li se moun ki te delivre nou anba chenn peche yo, Bondye vle restore nou pou nou ka viv dapre plan li genyen pou lavi nou (1 Korentyen 6:11). Jezikri te ban nou egzanp yon lavi ki pwòp san peche (Women 8:29).

Jezikri te vin tounen moun pou reprann tout bagay premye Adan te pèdi yo. Bib la di nou ke Jezikri se dezyèm Adan ki triyonfe nan tout bagay premye Adan te echwe yo (1 Korentyen 15:45).

Bondye vle fè nou viv kalite lavi sa lè li mete Sentespri li nan nou k'ap fè nou sable ak Jezi pi plis chak jou, limenm ki se imaj sentete a (glwa) ke Papa a vle reflete nan tout pitit li yo (2 Korentyen 3: 18).

Gremesi Jezikri, Bondye demontre ke li toujou konfye li nan lòm epi deside conte sou li pou sèvi enstriman san tach pou gouvène latè epi pèmèt li eksprime tout bèl pouvwa Kreyatè a an plen.

Men, pou rive vin administratè responsab sa yo, kretyen yo dwe ranpli kondisyon sa a yo ke nou va jwenn nan rès tèks la.

KARAKTERISTIK BON ADMINISTRATÈ YO

Premye karakteristik yon bon administratè se "mete apa" lavi l 'ak tout sa li genyen pou Bondye ak travay li. Nan yon okazyon konsa yo te mande mande Jezi si se te kòrèk pou yo te peye taks li te reponn yo: "Bay Seza sa ki pou Seza epi Bondye sa ki pou Bondye a" (Matye 22:21). Si Bondye di ou jodi a: "Ban m tou sa ki pou mwen" ... Ki sa li ta mande w pou w remèt li?

Rekonèt ke Bondye posede tout bagay pèmèt nou wè bagay yo ak pwòp lavi nou yon fason diferan. Déjà yo pa "bagay nou yo", men se pito tout bagay se pou Bondye. Sa a se diferans ki genyen ant yon jeran oswa mèt. Administratè yo se yo menm ke chèf yo konfye tout byen yo pou moun sa yo kontwole yo pou yo san pwoblèm avèk bon konprann. Kretyen yo menm jan yo konsidere tèt yo kòm jeran "konsakre" si lavi yo ak tout sa yo genyen se pou sèvi Bondye.

Mo "konsakre" vle di mete yon bagay apa pou yon sèvis espesyal. Sa pa vle di ke yon moun gen dwa pou egzije w vann kay ou a oswa machin ou pou bay lajan nan legliz la. Men, Bondye vle ou rekonèt nan fon kè ou ke tout bagay li te ba ou yo se pa pou ou yo ye reyèlman, men se limenm Bondye ki te mete yo pou w pran swen yo. Bondye kòm mèt li gen dwa pou l' mande sa li te ban nou an lè l' gen bezwen li, se kapab lavi nou tou.

Dezyèm kalite bon administratè yo se yon moun ki gen rekonesans. Lè yon moun fè nou yon kado ki gen anpil valè nou santi nou kontan pou sa. Menm jan an tou rekonèt ke se Bondye ki te ban nou "tout bagay sa yo" rekonesans ap koule natirèlman soti nan kè nou (Wom. 8:32).

Lè lòm pa di Bondye mèsi pou tout bagay li resevwa nan men l ' li vin mechan (Wom. 1:21). Gratitid se yon pati enpòtan nan lavi kretyen an. Li se youn nan rezon ki mennen nou nan fè sèvis pou Bondye kòm rekonesans de tout sa li fè pou nou avèk fanmi nou.

Nou dwe rekonesan sèlman pou bagay materyèl yo. N'ap viv nan yon sosyete ki damou pou bagay materyèl. Men, Bondye ba nou tout bagay epi plis pase byen materyèl. Lavi, mari, madanm, zanmi, frè nan lafwa, paran yo, kapasite pou aprann, je, touche, nen ... li ban nou anpil anpil fwi nan lanati, konpayi bèt yo, ak mil lòt bagay ki pa gen pri.

Twazyèm kalite yon bon jeran obeyisans. Kòm mèt nou, Bondye egzèse pouvwa li sou nou. Li se Bondye ki gen tout otorite sou lavi nou. Se li menm ki Wa nou.

Bib la di nou pa ka rele Jezi Seyè si nou pa prè pou nou obeyi li (Lik 6:46). Pa gen anyen ki sal temwayaj pèp Bondye a pase yon kwayan k'ap adore Bondye nan legliz la epi lavi l 'toujou ap dezobeyi Bondye.

Bondye mande nou yo rete fidèl, oswa pou reponn a konfyans li mete nan nou an (1 Korentyen 4: 1-2). Bondye vle pou nou yo sèvi ak sa nou genyen, si byen materyèl oswa konpetans pèsonèl, tan nou oswa tout lòt bagay yo se pou sèvi li epi se pa sèlman pou nou satisfè pwòp bezwen nou yo.

Pa egzanp, si Bondye ba ou kapasite kòm yon pwofesè, li pa sèlman vle ou sèvi ak sa a pou jwenn mwayen pou viv, men pou w envesti li nan travay li.

Li enpòtan tou pou ke administratè a fèt mèt la plezi, si non moun deyò ap gen yon move kritè de li. Si yon lidè sèvi mal ak manm legliz yo, moun kapab panse ke Bondye se menm jan an. Men, si moun yo ka wè bagay ki bon pitit Bondye yo ap fè, lè sa a yo va fè lwanj Papa nou ki nan syèl la (Matye 5:16). Entegrite ak fidelite yo se kalite obligatwa pou yon bon administratè genyen.

Yon katriyèm kalite Bib la mansyone pou yon bon administratè se bon konprann. Bonprann nan se entèlijans pratik pou pran desizyon ki pi kòrèk la. Yon jeran ki gen bon konprann ap sèvi byen ak resous yo, l'ap evite fè gwo depans, l'ap distribye byen pou satisfè bezwen yo, l'ap kenbe yon dosye ki byen òganize pou biznis yo ak sezi opòtinite ki prezante yo. Sa a se fason ke administratè yo elaji byen mèt yo.

Bib la gen anpil leson sou bon konprann pou nou kòm administratè epi enstwi nou nan fason kretyen yo kapab envesti.

KLE POU BON ENVESTISE YO

Envesti vle di achte yon bagay nan objektif pou fè yon benefis. Si ou achte yon sak diri pou w manje ak fanmi ou se yon depans. Men, si ou achte yon sak diri pou prepare manje pou w vann lè sa a, ou fè yon envestisman.

Menm jan an tou li se yon envestisman lè nou envesti tan nou, entèlijans nou oswa bay Bondye nan byen nou yo, paske Bondye te pwomèt ke l'ap kontinye ban nou pi plis pase sa nou ba li pou nou kapab kontinye envesti. Se sa Bondye pwomèt nan Pawòl li:

"Sonje sa a: Si yon moun simen ti kras li va rekòlte ti kras; Moun ki simen anpil va rekòlte anpil. Chak moun dwe bay jan sa dispoze nan kè li, san regrè oswa nan fòse, paske Bondye renmen moun ki bay ak kè kontan.

Bondye gen pouvwa pou li fè gras li vin pi plis nan lavi w, se konsa ke, ou va toujou genyen tout sifizans nan tout bagay, ou va genyen yo pou fè tout kalite byen ... "(2 Korentyen 9: 6-8).

Bondye moutre aklè nan Pawòl fòmil egzat ki pou fè nou fè pwogrè nan envestí sal i ban nou:

Kle 1: Bay ofrann san gad dèyè pou sipò ak elajisman legliz la.

From Depi nan tan lontan kretyen yo te kenbe pratik bay Bondye yon dizyèm pati nan tout pwofi yo fè. Yo rele sa"dim" (Levitik 27: 30-32). Gras avèk kretyen ki te rete fidèl nan peye ladim atravè listwa, legliz la te jwenn soutyen epi kontinye gaye nan mond lan jiskaske li rive sou ou.

Peye ladim se yon privilèj ke tout pitit Bondye yo nou genyen. Men, nou ka fè plis pase sa. Vrè kretyen yo karakterize paske yo gen yon kè ki rekonesan epi toujou ofrann pou travay Bondye a. Pafwa nou panse ke moun ki gen plis mwayen yo se yo menm ki dwe sipòte travay nan legliz la. Men, an reyalite istwa di nou ke se kretyen yo ki te konn bay ofrann avèk sakrifis pou sa yo ki te fè mirak ekspansyon Levanjil la gaye nan tout kontinan yo.

Bay ofrann avèk sakrifis vle di kite yon bagay san reyalize pou bay lajan an pou sèvis Seyè a ke ou bay plis valè. Se bliye dwa mwen genyen an epi jwi de yon bagay "Mwen resevwa" ak efò mwen, pou m satisfè bezwen lòt moun.

Kle 2: Bay lòt moun ki nan bezwen

Jezi di, "Se gratis ou te resevwa, se gratis tou ou dwe bay" (Matye 10: 8). Sa vle di ke nan menm fason ke Bondye te ban nou tout sa nou genyen ak jenerozite, se konsa tou nou dwe bay lòt moun ki nan bezwen yo.

Nan parabòl talan yo ki nan Matye 25:15, Jezi te anseye ke nou tout ka bay yon bagay. Lè n'ap fè byen nou dwe panse ak moun ki nan pwòp fanmi nou, ak frè nan lafwa yo, avèk tout moun ki nan nesesite yo (pòv yo, malad yo, elatriye).

Kle 3: Pou satisfè bezwen nou yo

Bondye vle nou pran swen tèt nou ak fanmi nou tou. Li gen sousi pou byennèt nou. Bon envestisè yo konsève resous pou moman difisil ak nesesite.

Referans ▆▆▆▆

1. Ate : Moun ki inyore egzistans Bondye.

2. Atik: "Jwenn Fanmi zetwal" pibliye nan jounal La Nacion, San Jose, Kosta Rica, Vandredi, 6 avril 2001, paj 22A. Baze sou etid chèchè ki soti nan Radyo Nasyonal Astwonomi Obsèvatwa a ak Obsèvatwa Anglo Ostralyen nan Sydney.

    Konklizyon Jun ak Tammann yo sou etid ki fèt pandan 15 ane nan teleskòp a 200-pous yo sou mòn Palomar Obsèvatwa pibliye nan magazin Tan 30 Desanm, 1974 p. 48 site pa D. James Kennedy nan "Poukisa mwen kwè." Lavi Editoryal 1982: Miami, paj 52.

3. Atik: "revele egzistans depi lontan" nan Jounal la Nasvon. San José. Kosta Rica. Dimanch 21 janvye

2001. Page 34A. Baze sou ki syans ki te pibliye pa Enstiti a nan astrobyoloji nan ajans espasyal Etazini (NASA).

4. Seksyon: Ki jan lalin nan te fèt? nan jounal La Nasyon, San Jose, Kosta Rica, Jedi 16 August 2001. Baze sou ki travay syantis Ameriken an te pibliye nan jounal Lanati.

Bibliyografi

Anderson, Neil ak Koken, Robert. Dwa sen an komen. Unilit, Miami, 1997.

Flores, Jose. Tèks Nouvo Testaman an. Clie: Barcelona, 1977.

Franco, Sergio. Apwòch nan etid Biblik la. CNP: Kansas City, 1989.

Purkiser, W. T. Yon kout je sou doktrin biblik la. CNP: Kansas City, 1989.

A. T. Robertson, Imaj Vèbal Nouvo Testaman. Clie: Barcelona, 1988.

Sauer, Erich Lowò ki delivre mond lan. Pòtpawòl Grand Rapids, Michigan, 1984.

OU PRAL RESEVWA POUVWA

Stephen Manley

Kesyon Moman an

Disip yo vini kote Jezi ak kesyon sa a: Senyè, èske se nan moman sa wap vini restore wayòm Izrayèl la?" (Travay apot 1:6b). Yo te ensiste pou yo te jwenn yon repons. Premye pati vèsè a se: "Konsa lè yo te rankontre ansanm yo te mande li,"(Travay apot 1:6a). Vèb "te mande" sa li nan tan enpafè, sa ki fè n konprann ke disip yo te poze li kesyon sa tanzantan, e yo te fòse Jezi pou li te ba yo yon repons. Li te di yo: Se pa nou menm ki pou konnen kilè osinon ki dat Papa a te planifye pou etabli pwòp otorite li". Travay apot 1:7. Nan yon sans literal, Jezi te di yo "Pa mele nan sa ki pa gade nou". Kesyon sa yo poze a te chita sou sijè ki plen ak erè. Disip yo te enkyete pou lè evènman yo ta pral rive e sa pat dwe yon bagay ki te konsène yo. Lè m gade reflè vi priyè mwen, mwen obsève menm bagay la nan priyè m yo. Mwen pat tèlman spesifik menm jan ak disip yo, men mwen te gen menm atitid nan ton ak nan dezi priyè m yo. Menm ton nan tout relasyon m ak Jezi: Kilè Li ap geri kò m? Kilè Li ap rezoud pwoblèm lajan mwen yo? Kilè Li ap sove bon zanmi m nan? Kilè Li ap ban mwen yon nouvo jòb? Kilè Li ap retounen pou yon dezyèm fwa?

Kesyon ki pa kòrèk

Kesyon disip yo fò: Senyè, eske w ap restore wayòm Izrayèl la nan moman sa? Kesyon an pat sèlman "kilè" men li mande ke repons lan se kounye a? Sa se bagay ki toujou prezan nan lavi disip yo. Yo tap diskite sou kiyès kap premye nan wayòm Bondye a. Yo te vle pou Jezi te deside touswit (Matye 18:1, 20:21). Sou ti Mòn Transfigirasyon an, Pyè te vle bati twa kay epi pou etabli touswit sali te kwè ki te wayòm Bondye a (Matye 17:4). Konsa yo vini avèk "kounye a"kòm bon moman an. Sa se karakteristik jenerasyon kounye a. Nou gen fou pou fè manje rapid, Restoran fast food, chapel pou maryaj touswit. Nou gen eksperyans tap tap pa mwayen televizyon, nou achte tike bòlèt pou n ka rich yon bon maten, nou menm genyen yon sèvis eksprès pou chanje lwil nan machin nou. Nan kontèks sa, nou vle menm bagay nan eksperyans espirityèl nou ak Kris la. Nou pa vle sèvis louanj ak adorasyon ki dire plis ke inèdtan. Li (Pastè a) dwe kenbe minimum nan sak pi esansyèl la, nou pa vle yon envestigasyon ki long e ki pwofon de pawòl Bondye a, nou di tanpri jis esplike nou yon istwa. Liv devosyon nou yo fèt pou nou wè bib la rapid, konsa li pa pran anpil tan. Nou vle vin espirityèl menm jan ak Jezi, men se rapid rapid. Mwen pè anpil pou sa se pa yon modèl dyabolik.

Tan Bondye a

Tantasyon Jezi nan Matye 4: 1-11 lan komanse fason sa: aprè yon jèn karant jou ak karant nwit, Li te grangou (Mat 4:2) Peryòd tan sa se modèl Bondye. Li pat nan prese, se pat de ou twa èd tan de priyè nan legliz la. Jezi pat panse ak "kounye a", men li tap chache pito kominyon ak Papa.

Modèl dyab la te parèt aklè nan tantasyon Jezi a. Chak tantasyon yo te chita sou bagay kap fèt vit vit. Si Jezi te grangou, Li ta dwe sèlman "di wòch yo tounen pen" (Mat 4: 3 b). Pa tann, Fè li kounye a.

Dezyèm tantasyon an se te sou pati ki pi wo nan tanp lan. Dyab la te mande Li pou vole anba e zanj ta va sove Li. Sa tap pwouve ke Li se te pitit Bondye. Li pat bezwen pase twazan ministè epi ale sou kwa. Jis yon ti vole lage kò Li anba soti piwo tèt tanp lan tap sifi. Poukisa Li bezwen tann?

Twazyèm tantasyon an se te yon koudèy sou tout wayòm sou tè a. Satan te ofri tout wayòm nan a Jezi an echanj de yon senp moman adorasyon pou li. Bi vini Jezi a sou late, dapre satan, li te rive nan bout li nan moman sa a, olye ke pou Li te ale monte sou kwa. Sa se fason dyab la panse. Jezi pat kache pawòl pou Li te di disip li yo ke sa yo te kwè a te chaje ak erè. Tan oubyen dat yo pa dwe regade yo. De mo sa yo " Tan" ak " Dat" pa vle di menm bagay, men ansanm yo kouvri totalman sa yo rele pwofesi a.

Mo Grèk ki tradwi "tan" li vle di "periòd nan menm dire a". Sa fè referans ak tan pwofetik yo epi entèval ki genyen nan mitan yo. Mo Grèk ki tradwi " Dat" li vle di "tan espesifik pou egzekisyon yon evènman pwofetik. Sa pa mele nou, epi nou pa dwe chita lespri nou sou yon moman osinon yon tan, oubyen menm yon period de tan jeneral. Jezi te klè sou sa pou li te di disip Li yo ke sa pa dwe mele yo. Li te itilize mo " pa pwòp otorite li" mo sa vle di pouvwa pou bay lòd oubyen pran desizyon. Nan lang grèk la, ekspresyon "otorite" enplike yon bagay ki pi fò pase pouvwa. Li se yon adjektif ki vle di "Prive" oubyen " pèsonèl". Sa se yon bagay ki vrèman pou Bondye sèlman. Kalite infòmasyon sa te vrèman ale pi lwen jiridiksyon disip yo e pyès moun pa ta pral dekouvri sa menm si yo ta byen envestige sou sa.

Sa ki konsène disip yo? ▉▉▉▉▉

Jezi te etabli tout responsablite Bondye. Sa disip yo te bezwen konnen an pat fè pati de bagay ki te konsène yo. Li te kòmanse fraz kap vini an avèk yon konjonksyon "men"(Travay Apot 1:8). Li te vle bay kontrè de sa ki pat konsène yo, a sa ki te vrèman afekte yo. Li te konplete yon imaj e apre sa yon imaj kontrè oubyen opoze. Nan yon kote se te sa disip yo pat ka konnen. "Men" make yon lòt ekspresyon ki revele sa yo te ka konnen. Li te di li aklè: Men nou pral resevwa pouvwa lè Lespri Sen an vin sou nou; e na sèvi m temwen nan Jerizalèm, nan tout jide, nan Samari ak jouk nan dènye bout tè a." (Travay Apot 1:8). Mwen dwe admèt ke mwen te lite ak teks sa. Li fasil pou wè li nan yon fason sipèfisyèl e pou itilize li kòm yon entwodiksyon pou yon klas nan evanjelizasyon pèsonèl. Men vèsè sa a, dapre kontèks li, pouse nou nan yon profondè ke nou paka rate. Mwen pa kwè ke mwen kapab rive kominike sa oubyen menm konprann li. Petèt mwen te dwe rete nan vèsè sa a pandan plizyè ane.

Ou pral temwen mwen

Li enpòtan pou ke nou konprann vèsè sa nan tout li menm. Pwoblèm nan pa dwe trete sèlman kòm yon pati nan krisyanis la ke yo ap ogmante de tanzantan. Konsèp ke vèsè sa prezante a se tout krisyanis la. Sa se rezime batmann kè Bondye. Li se nanm levanjil la. Tout bagay nan vèsè a chita sou konsèp sa a ki se " Ou pral temwen mwen". Vèsè a ouvè ak yon deklarasyon ak yon pisans ki ase pou fè krisyanis la yon reyalite. Lik fini vèsè a ki di ki kote sa dwe akonpli.

Kidonk, tout bagay nan vèsè a fè nou retounen nan pwen santral de "ou pral temwen mwen yo." Nou pa ka twonpe tèt nou nan panse ke nou dwe sèlman temwen pandan yon tan espesyal de yon kalandriye kretyèn. Ni pou ou panse ke lè ou temwen se yon disiplin espirityèl oswa yon doktrin fondamantal ke nou bezwen bay yon atansyon espesyal, tankou dim, li bib, priye, e nan mitan sa yo gen fè temwen. Sa kapab vrè si nou prezante yon vèsyon temwanyaj ... pou vin yon temwen, men se pa sa Jezi te prezante nan vèsè sa a. Lik nan liv Travay apot la li itilize tèm "temwen" nan yon fason ki espesyal. Sa bay yon enpòtans san parèy ak tèm sa a. Yon temwen se yon moun ki te ak Jezi lè kèk evènman tap dewoule. Yon temwen kapab di sa li konnen paske li te la. Levanjil se yon revelasyon de istwa nou, Epi nou konnen tout evènman enpòtan yo. Konsa, temwen an pran responsabilite pou li pran bagay ki verite dapre limenm. Pa gen moun ki ka memorize yon kou akademik. Pa gen moun ki ka memorize yon plan evanjelizasyon pèsonèl e resite tout vèsè nan bib yo pa kè. Men, se pa sa Lik te vle di. Lik te dekri evènman yo yon fason ki ta pral devni pwòp eksperyans kwayan an. Verite a kounye a vin antre nan temwen an. Genyen evènman nan lavi Jezi ke pyès moun pa ka konnen. Konsa, lè evènman sa yo vin reyalite, verite nan vi nou, kidonk Jezi se reyalite nan vi nou paske Li se verite. Lik prezante nou gran evènman levanjil la, men lè nou fè evènman sa yo vin pa nou pa lafwa, Jezi anbrase nou. Jezi vin tounen pwen enpòtan nan lavi nou. Nan konsèp Lik, li enposib pou eksperimante evènman sa yo. Si nou pa ini avèk Kris la. Nou dwe fikse je nou sou li, pou nou devni temwen Li.

Ou pral resevwa pouvwa

Se sou sa Lik mete aksan plis nan vèsè a. Li raple nou ke eksperyans sa a ap rive lè Lespri sen an vin sou nou. Se Sentespri a ki va pouvwa a pou bay temwanyaj la. Ide santral la se Li fè nou vini tankou Li, Jezi, sous verite a. Menm Lespri Jezi a ap fè disip yo kapab devni egzanp lavi Jezi a nan mond yo a. Sa pa dwe siprann nou. Nou konnen tèm liv Travay apot la (volim 2) e Levanjil selon Lik (volim 1) se Bondye kap travay nan mond lan atravè Jezi, jan Li te fè nan Levanjil selon Lik , oubyen atravè Sentespri a nan disip yo menm jan Li fè nan Travay apot la. Epi Sentespri a te travay nan e atravè Jezi pou pwodwi yon demonstrasyon de Papa a, menm jan an tou Lespri Jezi ap travè atravè nou menm pou demontre lavi Jezi nan mond nou an. Nou pa wè ak je nou rezireksyon ak krisifiksyon li, men nou se lachè ke li te vini ladan li a pou demontre kilès Li ye. Nou dwe temwen li yo, yon demonstrasyon ki reyèl de lavi jezi nan mond sa a.

Se Pa fè, Men vin ye

Travay Apot 1: 8 di: "nou pral resevwa pouvwa ... epi nou va sèvi m'temwen..." Eske yon moun ki konprann liv Travay apot la ka diskite sou sa? Chak fwa lè pouvwa pou temwaye a fè aparisyon li, moun nan te " ranpli ak Sentespri" (Travay Apot 4: 8). Li fasil pou remake ke tit liv la "Travay apot yo" pa reflete egzakteman objektif liv la. Objektif liv la reflete tit sa a ki se " Travay Sentespri a." Eske disip yo te enplike? Wi, yo te patisipe, men yo te vrèman sèvi kòm yon enstriman pou Sentespri a. Liv travay apot la se pa yon istwa konsènan disip yo ak talan yo oubyen kapasite yo, men se konsènan Jezi ak grandè li. Li te montre tèt li ak moun ki te ranpli ak limenm. Genyen yon gwo diferans ant bay temwanyaj ak yon temwen. Premye a gen rapò ak aksyon mwen yo, epi dezyèm nan se fason yo itilize mwen an. Youn gen rapò ak sa map pwoklame a, epi lòt la se sa kap pwoklame atravè mwen menm nan. Youn gen rapò ak sa map di a epi lòt la gen rapò ak verite ke yo wè (viv) nan sa kap di atravè lavi mwen. Youn kapab eksplike nan tèm de fòmasyon, kapasite, pèsonalite oubyen talan, pandan ke lòt la gen rapò ak fason yo wè Jezi nan mwen. Youn se pou pale de Jezi; lòt la se fè wè Jezi, paske Li ap viv nan mwen. Youn gen rapò ak efò; lòt la menm se kè pòpòz ak abandone tout bagay. Youn se eseye fè yon bagay epi se yon obligasyon ke nou genyen pou nou akonpli, pandan ke lòt la gen rapò ak lanmou li, pasyon ak lavi kap koule nan mwen. Nan 70 ane, disip yo te genyen lemonn antye pou Kris la. Yo pa t'reyalize sa nan memorize fraz oswa pa bon teknik kominikasyon yo. Yo pa t'reyalize li pa mwayen gran edikasyon yo, byenke sa a se pa yon mal (Travay 4:13). Yo reyalize li nan yon estil vi ki plen ak Bondye. Yo te moun ki resevwa aksyon Bondye epi ki reponn a aksyon sa. Pwoblèm nan se te "yo dwe "ye" "se pa yo dwe"fè".

Henry Stanley, yon repòtè, te ale pase tan nan Afrik santral ak yon gran misyonè ki te rele, David Livingston. Li tounen ak rapò sa a: "Si mwen te pase plis tan avèk li, li tap fòse mwen pou mwen vin kretyen, malgre li pa t'janm pale ak mwen sou sa".

Nou dwe konprann rezilta sijè sa a atravè de gwo volim sa yo, Liv travay apot la ak Levanjil selon Lik. Tout bagay se konsènan aktivite diven. Se konsènan dezyèm pèsòn Trinite a ki abandone tout bagay Li te genyen etanke Dye pou li devni yon nonm ki anba Bondye. Bondye, atravè nonm sa a ki se Jezi, demontre ki moun li te ye epi ki moun ke Li ye. Li pat chita sou sa Jezi te kapab fè, paske li te toujou ap di li pa t'kapab akonpli anyen pou kont li. Lavi l 'te yon repons de aksyon Papa a, pa mwayen Sentespri a. Menm dinamik yo te pran plas nan lavi disip li yo. Yo te plen ak Sentespri a, ki moun ki te sous lavi yo. Yo te temwen. Yo te yon demonstrasyon konplè de Jezi nan mond yo a.

Temwen, Men Ki kote?

Jezi te byen espesifik nan vèsè sa a. Li te di: "nan lavil Jerizalèm, ak nan tout Jide ak nan Samari, jouk nan dènye bout latè a" (Travay 1: 8). Si Jezi te sèlman di "nan dènye bout latè," disip yo ta gen pou yo konsantre sèlman sou rejyon ki lwen yo epi fèmen je yo sou vwazen yo. Si Li te sèlman di nan Jerizalèm, yo ta ka rete nan estrikti òganizasyon jwif yo epi etabli yon sèkt. Men, li te byen klè ke se yon apèl pou moutre lavi Jezi a nan tout mond lan. Li enkli òganizasyon relijye ki te krisifye Jezi 40 jou de sa. Li gen ladan l'Samariten yo, ki te elimine tout bon vre tout demonstrasyon baryè rasyal. Sa vle di yon demonstrasyon konplè sou lavi sa a ki nan Jezi tout tan tout tan e ak tout moun. Pa te gen okenn limit nan demonstrasyon lavi Kris la atravè disip yo. Tout sa te rive vre nan Liv Travay Apot la. Disip yo te demontre lavi ak pouvwa Kris la a nonm bwate ki tap mande a (Travay 3: 6), a gouvènè a, chèf fanmi yo ak dirèktè lalwa yo (Travay 4: 5). Demonstrasyon lavi Kris la te pran plas tou atravè Filip, a yon moun peyi Letyopi (Travay 8:27), a moun yo ki te pèsekite disip Senyè yo (Travay apot 2:20). Sanble pa gen okenn limit nan demonstrasyon Jezi yo atravè lavi disip li yo.

Aktivite diven Atravè mwen

Men, lè ou konprann sijè nan gran liv sa a, sa a se pa yon sipriz. Aksyon aktivite diven an se travay   Bondye nan mond nou an atravè moun. Kilè mwen dwe fèmen aktivite diven sa a? Eske li ta ka fèmen si sikonstans yo vire kont mwen, lè sa a mwen ta di ke nou gen eskiz pafè pou pa demontre li? Ki atitid, mo   oswa aksyon de yon lòt moun ki fòse mwen pou mwen pa vini yon temwen pou Kris la? Èske koulè po oswa estati ekonomik ka vin yon baryè pou pa ta pèmèt ke yo wè Kris la atravè mwen? Si ou ka fèmen oswa ouvè demonstrasyon Kris la nan lavi ou, Lè sa a, ou gen ase prèv pou konnen ke demonstrasyon an se pa pou Li, men pou ou. Sètènman nan ka sa a, Li pa an kontwòl. Mwen vini yon lòt fwa ankò sou jenou mwen, nan yon soumisyon total a li menm. Ah! Se konsa, ke lavi mwen pral yon demonstrasyon pou li, paske Li te vin viv nan mwen. Ah! Pou demonstrasyon li pa janm kaba, epi toujou kouvri tout mond mwen an. Sa a se lapriyè mwen.

Kesyon ki pa t'poze a

Disip yo te kontan pou lide ke Wayòm Bondye a ta pral restore Izrayèl. Yo te vini jwenn Jezi, epi mande Li kilè bagay sa ap rive. Nan moman krisifiksyon an, yo te kwè nèt ke Wayòm Bondye a pap janm restore pou pitit Izrayèl yo. Tout espwa yo te pèdi. Men apre sa, Jezi te leve soti vivan nan lanmò epi li te pase 40 jou avèk yo, "epi li te pale konsènan Wayòm Bondye a" (Travay 1:3). Yo te fòse Jezi pou Li te ba yo yon repons pou kesyon yo a. Yo pat poze kesyon an yon fwa oubyen de fwa, men yo toujou ap poze menm kesyon an: "Senyè, eske se nan tan sa a ou pral restore Wayòm Izrayèl la? (Travay 1:6). Nou te wè repons Jezi te bay disip li yo (Travay 1:7), Men pwofondè repons la te mande plis envestigasyon. Vèsè sa (Travay Apot 1:8) enpòtan anpil pou tout liv la. Li se pwen esansyèl ke Lik tap eksprime nan tout paj ki vin apre yo. Vèsè sa se rezime mesaj ki nan liv la. Li se kè "Pwomès Papa a"(Travay Apot 1:4). Lik prezante aktivite Bondye a tankou yon pwopozisyon ke li vle peze sou li. Li se fondasyon Levanjil Lik la ak Liv Travay Apot yo. Li se pwen final nan pasaj la. Lik deklare li nan yon fason ke pa gen pyès ti kote pou ajoute ni pou fè magouy. Pa gen pyès fason yon moun ka redwi levanjil la a legalis osinon senplisite.

Yon reyalite Espirityèl

Lide Lik la se pou pèmèt nou wè gwo chanjman ki opere nan disip yo, de fason disip yo te konprann Lespri Jezi a fizikman a yon reyalite espirityèl. Yo deplase soti nan fè pou rive nan vin ye (être). Motivasyon pèsonèl la bout e Bondye te kòmanse travay atravè yo menm. Disip yo te sispann pwòp efò pa yo, batay yo ak atant yo epi yo te kòmanse rilaks, aprann epi depann de Bondye. Lik te mete aksan sou disip yo ak konfyans total yo nan Lespri Jezi a. Pwen an se kisa Lespri Jezi a te fè nan yo. Aksyon kap fèt nan Jerizalèm, ak nan tout Jide ak Samari, ak jouk nan dènye bout late" (Travay Apot 1:8). Misyon an te bay epi dirije pa Lespri Jezi a. Jezi te pèmèt yo pale yon fason ki apwopriye. Yo te pale byen klè nan lang ke moun te konnen. Yo pa t' bezwen eseye pou yo vin tankou anyen- li te enposib pou yo te chache fè tèt yo vin tankou sa yo ta dwe ye. Yo pa t' janm chache ankò pozisyon osinon glwa. Lespri Jezi a pèmèt yo "vin temwen" (Travay apot 1:8). Jezi pa t' rele disip yo pou yo fè anyen. Yo pa t' bezwen òganize yo. Sijè a se pa t' estrikti ekleziastik yo. Kantite, batiman ak bidjè pa t' priyorite. Tout akonplisman yo se te rezilta Lespri Jezi a. Li te fè mirak, li te miltipliye legliz yo epi li te etabli temwen yo (Travay Apot 2:47). Klèman nou wè sa nan kòmansman konjonksyon Lik la. Jezi t'ap pale ak disip yo, Li t'ap reponn kesyon yo. "Men..." (Travay Apot 1:8) se yon konjonksyon de distenksyon ki make yon bagay ki kontrè. Nou dwe wè ke vèsè sèt la kontrè ak vèsè wit la. Li te di: "Sa pa revyen avèk nou pou nou konnen (Travay Apot 1: 7). Vèb "Konnen" an nan fòm aktiv, ki vle di ke sijè responsab aksyon vèb la. Sijè a gen rapò ak disip yo ki responsab pou konnen. Men remake ke mo "pa" fè fraz la negatif. Disip yo pa responsab pou konnen. Tan osinon dat ke Papa te planifye pa pwòp otorite Li" sa pa anba kontwòl disip yo.

Chan disip yo vize

Apre sa Jezi ba yo chan li vle yo vize a (Travay Apot 1:8). Men sa yo ta dwe eksperimante! Yo ta dwe jwenn siksè atravè Lespri Jezi a. Sa yo te ye e sa yo ta pral ye ta pral ranplase pa Lespri Jezi a. Sa yo te di ak sa yo ta di ta pral chanje pa Lespri jezi a. Sa yo te fè ak sa yo ta pral fè ta pral vini atravè fòmasyon Lespri Jezi a. Se te yon nouvo jou! Men ou dwe konprann ke fraz kle vèsè a. Jezi di: "Ou pral resevwa..." Epi Li di: "Ou pral vin..." Men sa ki pi enpòtan se mo yo ki gen nan mitan de verite sa yo. Jezi di: "Lè Lespri Sen a va vin sou nou;" (Travay Apot 1:8). Tout sa ki rive ap soti nan Lespri Jezi a.

"Men n'a resevwa pouvwa..." se ak fraz sa Jezi te komanse. Sa se yon pwomès mèveye ke Jezi te bay. Ou pral resevwa se yon sèl mo grèk ki te itilize nan nouvo kontra. Se vèb ki nan tan fiti endikatif ki vle di ke Jezi ap pale de yon bagay ki pral fèt. Li jis deklare fè a. Paka gen ankenn diskisyon sou sijè sa a. Li pa eseye eksplike osinon konvenk. Li te sèlman yon verite! Li se yon bagay ki sèten! Menm bagay la aplike pou "pwomès Papa a" (Travay Apot 1:4). Fraz "pral resevwa pouvwa" se yon pwolonjman de "pwomès" sa a. Mo " pwomès" la kominike lide ke yo te bay li gratis. Papa pat fè pwomès la tounen yon obligasyon. Sa te soti dirèkteman nan kè Li, Ki te ranpli ak gras. Pwomès sa pran nesans nan Bondye. Li pa akonpli pwomès li a paske yo te ba li presyon, yo te montre Li ke se yon obligasyon osinon li koupab. Li te bay pwomès sa gratis epi li akonpli li gratis. Pwomès la sipòte pa kè Bondye. Se vre: Ou pral resevwa!

Genyen pouvwa, yon pouvwa san parèy, nan Jezi...

Pwen santral de sa ou pral resevwa se "pouvwa". Li fasil pou nou mal konprann pwen santral sa nan fason mond lan panse de sa nou rele pouvwa. Mond sa makònen ak egoyis, epi sa fòme yon konsèp de pouvwa. Nan pèspektiv mond lan, pouvwa signifi pozisyon, sa moun genyen osinon reyalizasyon li. Men Jezi pale de opoze konsèp mond lan. Pwomès Papa sè ke nou pral resevwa Lespri Jezi a, menm jan sa declare klèman nan (Travay Apot1:8). "... lè Sentespri a va vin sou nou ..." Jezi moutre ke pouvwa egal ak Lespri Li. Nan Lespri sa a pa genyen egoyis. Pouvwa a genyen yon atitid de sèvis nan estil lakwa. Lespri Jezi a ap fòtifye epi anrichi lavi nou, konsa tout bagay ke nou rele pouvwa va yon refleksyon de Lespri Bondye. Li pa ba nou pouvwa, men nou jwenn li nan Limenm kap viv nan nou. Kidonk chak demonstrasyon pouvwa a se yon refleksyon de Li menm. Eske nou ka dekri pouvwa sa a? Li pral idantik ak Jezi. Mo grèk orijinal pou "Pouvwa" se baz pou mo, dinamit. Li se yon pouvwa ki mezire paske li demontre pa mwayen aktivite fizik. Li ka eksploze dapre nati li epi souvan li chanje tout bagay. Lè li itilize nan levanjil yo, yo tradwi li jeneralman kòm Travay pwisan. Li se yon mo ekselan pou dekri mouvman Lespri Jezi a atravè liv Travay apot yo.

Esans mo sa a demontre entimite ki genyen ant kwayan yo ak Lespri Jezi a. Mo grèk la gen pou wè avèk pouvwa ki rete nan yon bagay natirèlman kòm yon vèti. Pouvwa sa a pa soti nan yon bagay ke Lespri Jezi a ban mwen. Li pa menm jan ak yon zam ki ban mwen pouvwa pou mwen kase yon bank. Pouvwa ke nou pral resevwa a soti nan nati ki anndan nou an. Nati Lespri Jezi a ki ap travay nan fason sa a, ak pèsonalite li, konsa ou va vini sa li te planifye pou ou ye a. Se pa yon bagay ke ou posede, men pito Li genyen pou li pou ou. Sa ou ye nan Li, fini reyèlman nan pouvwa Li nan ou. Pouvwa sa a moutre Lespri Jezi a ki ap viv nan ou.

Paul eksprime sa nan mo sa yo: "Men, nou tout k'ap pote richès Bondye sa a nan kè nou, nou tankou veso ki fèt an tè. Tou sa se pou tout moun ka wè kokenn chenn pouvwa sa a pa soti nan nou, men se nan Bondye li soti" (2 Korentyen 4:7). Nou pa kapab aprann sa nan seminè yo, paske se pa pouvwa konesans li ye. Nou pa devlope sa nan seyans fòmasyon yo paske se pa rezilta kapasite li ye. Nou pa pratike li pou nou amelyore li, paske se pa devlopman talan nou yo li ye. Men se nan Bondye li soti. Pouvwa sa a se nan Lespri Jezi a li chita. Li moutre tèt li atravè nou menm. Se tankou pouvwa a ak Lespri Jezi a se menm bagay. Menm jan dlo ak laroze prèske sinonim; se menm jan pouvwa ak Lespri Jezi a ye tou. Youn pale de lòt. Nou dwe kwè ke ranpli ak nati Bondye a epi pa demoutre kokenn chenn pouvwa sa a se kòmsi nou lave men nou epi siye l' atè.

Ranpli ak Lespri Kris la

Kounye a nou rive nan fraz paralèl la: "Ou pral temwen mwen" (Travay Apot 1:8). Menm jan nan fraz anvan an, vèb pral ye a nan tan fiti fòm endikatif. Li pale definitivman de yon fè. Li pa nesesèman ap defann osinon plede yon fè, li se senpleman sa li ye a. Jis kòm "Ou pral resevwa pouvwa epi ou pral sèvi mwen temwen." Pwen santral la se pa fè, men se vin ye. Menm rasin grèk ki prezante "Je suis" a de Jezi (Jan 6:48; 14:6) itilize la kòm referans pou nou. Li gen pou li wè ak egzistans, pa avèk pèfòmans. Se nati, se pa aktivite. Li se santiman ak profondè moun nan, se pa akonplisman li yo. Sa ki enpòtan chita sou kilès nou ye, pa sou kisa nou ap fè. Sa se "Je suis" a ke nou genyen!

Pou vin Temwen

Kisa ke "Je suis" a ye? : "Ou va sèvi m' temwen" (Travay apot 1:8). Etimoloji mo a sanble jwenn nan kòmansman li yo nan menm rasin ak mo sa a ki vle di "genyen nan lespri" oubyen "enterese". Kidonk temwen an se yon moun ki sonje epi ki ka pale de yon bagay. Nan pèspektiv relijyon jidayis la (espesyalman nan tan Jezi a), Sinyifikasyon temwen an te preske toujou antoure pa soufrans. Sa te vinn yon reyalite ak itilzasyon mo sa a nan krisyanis la. Mo temwen an nan lang Grèk, li tradwi nan lang angle a kòm "Martyr".

Nan Liv Lik yo, yon temwen dwe melanje ak laverite. Li fè yon diferans ant yon fè epi yon verite. Pou vinn temwen, ou pa sèlman dwe repete aksyon ki pase a, men tou li dwe kwè ak tout li menm verite a. Ann kòmanse ak apot yo ak fè ke yo te dwe temwen ak de je yo. Lè premye disip t'ap ranplase Jida Iskaryòt, Yo te di ke ranplasan dwe konsa: "... yon moun ki te avèk nou pandan tout tan ke Senyè Jezi te vini epi ale pami nou, kòmanse depi nan batèm Jan Batis la pou rive lè Jezi te monte kite nou. Konsa yon moun konsa dwe vin temwen ak nou de rezireksyon Li." (Travay apot 1:21:22). Pou w se yon temwen rezireksyon Kris la, ranplasan an dwe eksperimante plis pase sèlman wè Jezi resisite. Li dwe enplike li nan ansèyman Jezi yo, touche pa mirak li yo, touche pa Krisifiksyon epi rejwi nan jwa ke Kris la vivan. Sa plis pase yon bann infòmasyon. Verite sa a ki te vinn tounen pasyon, epi ki enplike moun nan tout antye.

Temwen ke Jezi ap rele yo se pa moun ki te ale swiv seminè sou kòman pou vinn temwen epi ki resevwa sètifika. Se moun ki te eksperimante yon regrè ki pwofon de peche li, epi ki te wont de konsekans yo. Li konnen ke kwa a se sèl mwayen li ka jwenn libète e se pa yon pyès lò sou yon chenn. Temwen an dwe atache ak Kris vivan epi jwenn lavi nan Li. Li pa ka sispann temwanye paske li se yon temwen.

Sa se dezi kè mwen! Se sa a mwen vle resevwa epi se sa mwen vle ye. Kilè sa ap rive nan vi mwen epi pou m di klèman: "Mwen se yon temwen"? Petèt yon pi bon kesyon kapab: Koman sa ap rive pou mwen? Sonje estrikti espesyal de vèsè 8 nan chapit 1 Travay apot la. Jezi kòmanse ak " ou pral resevwa pouvwa" , epi li fini avèk " ou va sèvi m' temwen", men nan mitan de fraz sa yo se sous reyalite sa a, li se repons a kilè epi kòman.

Kilè epi kòman mwen kapab vin yon temwen?

Jezi di, "Lè Sentespri a va vin sou nou..." (Travay apot 1:8). Sa se eksplikasyon an. Repons pou "kilè"? a se nan moman ke Lespri Jezi a penmèt ou a. Sa fè nou fè yon ti bak pou konsantre nou nèt sou pèsòn Jezikri a. Ranpli ak Sentespri a pwodwi kòd ki mare enfòmasyon yo ak verite a, epi ki pote pasyon. Se reyalite ke Li se laverite. Sa se sijè fondamantal nan ekri Lik yo nan premye ak dezyèm volim nan. Aksyon aktivite divin an se sous tout bagay sa yo ki fèt la. Lespri Jezi a, menm jan li moutre nou nan Levanjil la, te vini pou vin Lespri k'ap viv nan disip yo nan liv Travay apot yo. Tout sa ki rive nan vi yo e atravè vi yo se demonstrasyon epi fòmasyon Lespri Bondye a. Eske nou te remake fraz sa "Vini sou"? Jezi mete aksan sou lide "sou"a. Prepozisyon "sou" a nan vèb Grèk la epi "sou" a repete ankò nan fen fraz la. Li mansyone de fwa. Yon tradiksyon literal se: "Lè Sentespri a va vin sou nou". Fraz konplè a rele, "jenetiv absoli" epi eksprime tan, kòz oubyen kondisyon. Kidonk fraz sa a, "Lè Sentespri a va vin sou nou..." se kondisyon oubyen kòz de deklarasyon ki te vin anvan an "Men ou va resevwa yon pouvwa."

Ranpli ak Sentespri

Ou pap gen pouvwa e ou pap janm vin temwen, toutotan Sentespri a pa vini pou pwodwi sa anndan ou. Pa gen anyen ki pale nou konsènan tip de pèsonalite, talan, eksperyans oubyen fòmasyon. Tout bagay chita sou Lespri Jezi a. Eske ou ta konkli ke lè Sentespri a ranpli ou, ou pa ka evite pou vin temwen? E tou lè Sentespri pa ranpli ou, li enposib pou vin temwen? Eske ou ta konkli ke lè ou vin yon temwen, Sentespri a ba ou pouvwa men lè ou pa vin yon temwen, ou manke pouvwa Sentespri a? Li enposib pou ou ranpli ak Jezi epi pou ou pa yon temwen, konsa tou li enposib pou ou yon temwen si ou pa ranpli ak Jezi.

Konsekrasyon Total

Pou nou ka reponn ak lòd biblik la, premyeman, nou dwe abandone tout fòm vi ki baze sou tèt nou. Pa gen lòt sous k'ap prezan. Sous yo pa ka melanje; Kèk bagay de Jezi epi kèk bagay de mwen menm. Wi, mwen pral enplike, men se pa mwen ki sous la. Jezi ap fòtifye lavi nou konsa n'a " va sèvi m' temwen nan Jerizalèm, nan tout Jide ak nan Samari, ak jouk nan dènye bout late (Travay apot 1:8).

4 ETAP POU MOUN KI BAY DIM AK KÈ KONTAN

Christian Sarmiento

Ki moun? Mwen ?

(Konesans)

Sa se premye reyaksyon yon moun ki jis te jwenn, kounye a yo se yon kretyen, kounye a yo ta dwe bay dis pousan nan tout finans yo pou yo ka kenbe siksè akademik legliz la. Alò repons kesyon an se: Wi, wap bezwen Bay Dim tou.

Rezon dèt repons sa a sè ke Bib la anseye nou klè,Bondye se mèt e Senyè e li se tout bagay. Nou se jeran sèlman oswa administratè nan kreyasyon li yo ak nan sa Li ba nou jere.

Lè nou deside aksepte Kris kòm Sovè pèsonèl nou, nou prè pou nou fè tout bagay pou li. Etanke yon moun nouvo nan Kris, rekonesans nou nan direksyon pou Bondye ba nou enèji nan temwaye, priye, epi fè efò pou nou vin tankou Sovè nou. Sentespri a fè li posib pou lavi nou antre nan yon dimansyon nouvo: A lavi espirityèl.

Men tou, gen moman lè nou kòmanse wè bagay yo yon lòt fason . Apre kèlke semèn oswa kèlke mwa, nouvote ki genyen lè ou vin yon kretyen kòmanse vin yon abitid. Nou kòmanse rezone ak kesyon nouvo lavi nou an. Pafwa nou santi I tankou yon gwo chay kap toupizi nou. Kounye a, nou santi konvèsyon vin youn nan dedikasyon ak abandon volontè. Nou aksepte nouvo priyorite daprè yon nouvo echèl valè.

Kòm Sentespri a gide nou, nou aksepte chak nouvo valè pou lavi nou nan Kris. Nou kite sa kon sa, e nouvo lavi nou, souvan lè nou konvèti nan yon seri de "non". Mo nou pi renmen pou temwayaj nou pandan faz sa se : "Mwen pa fè ... mwen te sispann ..."

Konsa, yon jou yo t' ap ansenye nou ke dim se yon pati nan nouvo lavi a. Mwen sonje trè byen lè pastè mwen an tap li Manyèl Legliz la, li di: "Règ detik istorik legliz la eksprime an pati nan fraz sila yo:" Ekriti yo anseye ke Bondye se mèt tout moun ak tout bagay. kidonk, nou se jeran Li nan lavi ansanm ak tout sa nou posede. Nou dwe rekonèt Bondye kòm pwopriyetè e nou menm kòm jeran, paske nou dwe rann kont pèsonèlman devan Bondye poupou fason nou jere. Bondye, kòm yon Bondye sistèm ak lòd nan tout bagay, li te etabli yon sistèm pou bay ki fè konnen dwa pwopriyetè sou tout moun, tout resous ak tout relasyon. Pou fini sa, tout pitit li yo dwe bay dim ak ofrann fidèlman pou ka sipòte levanjil la. (Manyèl Legliz la Nazarèt)

Wi, mwen bay Dim! ▬▬▬▬▬

(Kondanasyon)

After Apre priyè , e panse sou dim, an nou kòmanse kesyone valè pwoblem nan, e menm manyèl la. An nou kòmanse egzamine ekriti nan Liv la ak rechèch yo pou wè si se vre Bondye ta mande nou yon kantite, depi nan konmansman an ki ta sanble anpil: "Dim" Nou ta ka di tèt nou:

- Legliz la genyen lajan. Mwen bezwen plis pase sa gran denominasyon an bezwen

- Dis pousan nan lajan m nan piti anpil., li ta pi bon si mwen itilize li pou pwòp benefis mwen.

- Mwen pap viv sou lalwa ansyen Testaman an, men map viv nan nouvo testaman an.

- Apre mwen fin resevwa salè mwen an, mwen mete sou kote sa m' bezwen poum viv la mwen pa gen okenn salè ki rete ankò.

Tout agiman sa yo, se akòz nou sansib pou moun nou renmen yo. Verite a se paske nou pa vle moun fè mal oswa donmaje fanmi nou. Lè finans nou diminye, fanmi nou ap soufri. Sepandan lespri Bondye a fidèl. Yon jou nan Lekti devosyonèl nou an, nou jwenn sa: Mwen se Senyè a, mwen pap chanje se   poutèét sa nou menm pitit Jakòb yo, nou pap disparèt nèt. 7 Depi sou tan zansèt nou yo, nou te vire do bay kòmandman mwen yo. Nou pa swiv yo.Tounen vin jwenn mwen, e map tounen vin jwen nou tou., "se Senyè ki gen tout pouvwa ki di sa. "Men, nap mande sa pou nou fè pou nou tounen? Mwen menm map mande nou eske   moun ka twonpe Bondye? Non, men se twonpe nap twope mwen. Nap mande kijan nap twonpe mwen an ?

Map reponn nou :"nan kesyon ladim ak lòt bagay nou fè pou nou ofri mwen yo.. 9- Nou anba madichon , tout nasyon an- paske nou vòlè mwen. 10-Pote tout ladim nan nèét nan tanp lan, pou ka gen manje nan tanp lan. Na wè si mwen pap louvri syèl la fè lapli tonbe,si mwen pap vide benediksyon sou nou ankantite. (Malachi 3:6-10) avètisman Senyè a te plen nou ak panik e te fè nou di: ". Ann eseye li epi bay ladim '

"Pastè, sa a se Dim mwen an." ▬▬▬▬

(Obligasyon)

An nou kòmanse bay dim. Sepandan, Jwa nou pa konplè. Nou gen yon souri sou lèv nou pandan nou depoze Dim nou yo, mantalman nou di: ". Pastè, mwen pote Dim mwen an isit la" Sèl referans nan bib la ke yo te anrejistre nan Levanjil yo kòm yon referans dirèk pou bay dim ki te soti nan bouch Jezi se te nan mitan yon seri de akizasyon Li te fè sou dirèktè lalwa yo ak farizyen yo: "Malè pou nou, direktè lalwa ak Farizyen yo, bann ipokrit! Ou bay yon dizyèm nan epis- nan lajan, fèy pafen ak kondiman. Men, nou neglije bagay ki pi konsekan nan lalwa _ jistis, pitye ak fidelite. Ou ta dwe pratike dènye a, san ou pa neglije premye a. "(Matye 23:23)

Farizyen yo te vin egziste nan ane 150 anvan Jezikri. Farizyen yo pat tèlman yon sèkt, men sa ke nou ta ka rele yon pati politik e li te gen de objektif: Premyèman, asire pèyman ladim yo egzak ak ofrann yo. Dezyèmman, ankouraje akonplisman lòd sentete levitik yo nan fason ki pi strik la dapre lalwa a. Farizyen yo te ekselan nan bay dim, e yo ta vire do bay moun ki pa t 'konnen oswa ki pat enterese nan lalwa oral la. Yon farizyen te konsidere kòm yon aristokrat, yon moun ki te rechiya sou sitiyasyon relijye yo. Okontrè,yon jwif mwayen te prèske konsidere kòm yon payen, yon pibliken.

Ki jan de atitid Jezi te genyen anvè ladim ak peye ofrann?

Lè Jezi t ap pale foul moun yo pa t 'vle sèlman koute avèk atansyon, men, menm nan konmansman an nan ministè li a pandan Diskou sou Mòn nan, yo te sezi anpil de"doktrin li a" paske li te anseye kòm yon moun ki te gen otorite epi se pa t' menm jan ak dirèktè lalwa yo (Matye 7:28-29). Lènmi Jezi yo te trè atantif nan chak mo li di ak nan chak aksyon li yo. Yo te eseye mete pyèj ak chache akize li pou nenpòt ti erè. Men, yo pa t 'kapab akize l poutèt li pa peye ladim. Dirèktè lalwa yo ak farizyen yo mande Li konsèy li souvan ak tout senserite yo (Jan 7:2; Matye 19:3, 22:36-38; Lik 17:20). Kòm yon rezilta yo reyalize ke Jezi te yon bon vèsè nan bib la epi nan koutim jwif yo. Baze jisteman sou konesans li nan Liv la, Jezi te di ak moun kap koute Li yo : "pa panse mwen te vini pou mwen aboli lalwa a ou byen pwofèt yo; Mwen pa te vini pou mwen te aboli yo men akonpli yo. 18 - Sa m'ap di nou la a, se vre wi: jouk syèl la ak tè a disparèt, pa menm lèt ki pi piti a, pa menm yon ti tras plim, nan ankenn fason paka disparèt nan lalwa jiskaske tout bagay yo akonpli. . . Paske, m'ap di nou sa toutotan Jistis nou pa depase jisti farizyen ak pwofesè la lwa yo, nou pap ka antre nan wayòm syèl." (Matye 5:17-18, 20). Wi, farizyen yo peye Dim yo epi yo te trè sevè nan konfòme yo avèk lwa a. Sou menm pwen sa a, mwen ak madanm mwen te rive- konsa anpil kretyen te rive. Nou bay ladim nou yo ak yon souri sou bouch nou e nou panse: ". Pastè, men dim mwen an.

Moun ki bay Dim ak kè kontan ▬▬▬

(Bonè)

If Si nou dwat devan Bondye nou an nap gen plis pouvwa pase dirèktè lalwa a ak farizyen yo; Lè sa a,, kisa ki te pèspektiv Jezi konsènan obligasyon nou pou nou bay Dim?

Jezi pa t 'vin aboli lalwa a , men li te vini akonpli li. Dim se yon pati nan lwa a .Pandan lap kontinye misyon Li, yon entèprèt lalwa a te mande Li, "Mèt, kisa pou mwen fè pou mwen ka resevwa lavi ki p'ap janm fini an? Li te reponn: "Kisa ki ekri nan liv lalwa a menm?" (Lik 10:25-26). Jezi te refere yo nan lalwa Moyiz la kòm estanda ki kòrèk pou mòd de vi yo ki te gen ladann tou ladim. Jezi te ankouraje pou disip li yo peye dim. Men, li pa t' rete la. Li te tou prezante divès kalite prensip ke nou ta dwe aprann. "Bay moun ki mande ou, epi pa vire do bay yon moun ki vle prete nan men ou" (Matye 5:42) Li te di tou: "Bay, epi ya ban nou tou . Yon bon mezi, byen plen, kap debòde tonbe atè, pral vide nan pòch rad nou. Paske ak mezi ou itilize, se ladan li yo pral mezire pou nou tou. "(Lik 6:38). Li te di a disip li yo: "Se gratis nou resevwa; . se gratis tou pou nou bay "(Matye 10: 8)

Konsènan menm pwoblèm nan, Senyè nou an te anonse tou yon lòt prensip nan lwa a ki san parèy nan literati Mond lan . Menm si ansèyman sa a se pa t' sa ki te ekri nan levanjil yo, li sanble te fè yon gwo enpresyon sou lèspri premye kretyen yo, kòm apot Pòl te di lidè yo nan legliz Efèz la ke yo ta dwe toujou sonje " sonje pawòl ke Jezi menm te di, gen plis benediksyon pou moun ki bay pase moun ki resevwa.' "(Travay 20:35)

Finalman, Jezi rele nou pa sèlman pou bay yon pati, men bay tout: "Paske, kote richès ou ye, se la kè ou ye tou." (Lik 12:34) Lè jenn gason rich la pwoche bò kote Jezi li te obeyi lalwa a depi l 'jenn gason (Mak 10:20), Jezi gade li ak te renmen li '. "Yon sèl bagay ou manke," li te di. "Ale non, vann tout bagay ou gen epi bay pòv yo, epi ou pral gen yon richès nan syèl la. Lè sa a, vin swiv mwen. "Lè sa a, nonm lan te bese tèt . Li te tris, paske li te gen anpil anpil richès.

Lè sa Jezi di disip li yo sa pral difisil nèt pou yon moun rich antre nan Peyi Wa ki nan syel la.

Wi, bay dim nou yo, Jistis nou dwe pi gran pase pa farizyen yo paske richès nou yo, menm si li ta piti (menm jan ak ofrann vèv la nan Mak 12:41-44) pa kapab kontwole kè nou ankò. Nou konnen ke si li nesesè nou ta ka abandone tout bagay nou genyen epi swiv Jezi nou an. Nou konnen ke sa pa vo anyen pou nou ta gen tout mond lan si nou ta pedi nanm nou. (gade Mak 8:34-38). An nou bay bondye la dim nou yo ak tout ke nou paske nou konnen se yon pi gro bagay nou ka fè.

Nan jerans nou, mwen menm ak madanm mwe te pran kat etap sa yo pou nou vini moun ki bay dim ak kè kontan. Senyè a envite nou kontinye jiskaske jistis nou rive depase farizyen yo. Lè sa a, nou pral kapab fè fas ak bagay ki pi enpòtan nan lwa a: "jistis, gen kè sansib, ak lafwa" (Matye 23:23)

Retounen nan paj kouvèti a: Farizyen yo te ekselan nan bay dim e yo te vire do bay moun ki pa t 'konnen oswa renmen lalwa oral la. Yon farizyen te konsidere kòm yon aristokrat, yon moun ki te rechiya sou sitiyasyon relijye yo. Okontrè, yo te konsidere yon jwif mwayen tankou yon payen, pibliken .

Ki atitid Jezi konsenan ladim avèk peye ofran?

Nan langaj senp ki soti nan kè , otè a, atravè temwayaj pèsonèl li pral reponn a plizyè kesyon ki gen rapò ak sijè sa a ki enpòtan anpil. Sak Pi enpòtan toujou li pral bay direktiv klè sou jan ou kapab vin yon moun kap bay dim ak kè kontan.

*9 7 8 1 6 3 5 8 0 0 0 5 0 *